D'après un portrait conservé dans sa famille.

JOSEPH GRABOWSKI

D'après un portrait conservé dans sa famille.

MÉMOIRES MILITAIRES

DE

JOSEPH GRABOWSKI

OFFICIER A L'ÉTAT-MAJOR IMPÉRIAL

DE NAPOLÉON Ier

1812-1813-1814

PUBLIÉS PAR M. WACLAW GASIOROWSKI

TRADUITS DU POLONAIS PAR MM. JAN V. CHELMINSKI
ET LE COMMANDANT A. MALIBRAN

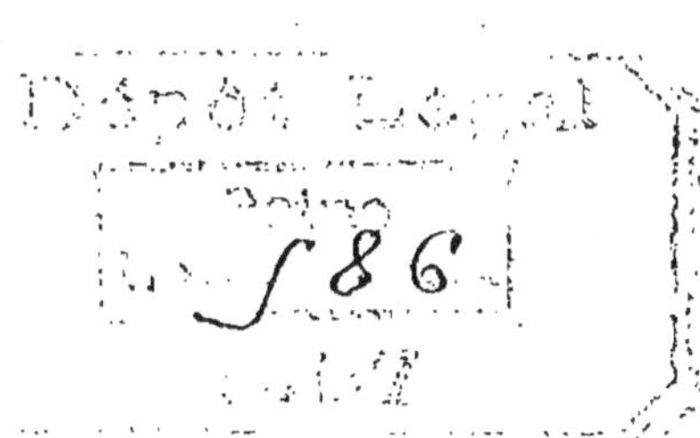

PARIS

LIBRAIRIE PLON

PLON-NOURRIT ET Cie, IMPRIMEURS-ÉDITEURS

8, RUE GARANCIÈRE — 6^e

1907

MÉMOIRES MILITAIRES

DE

JOSEPH GRABOWSKI

OFFICIER A L'ÉTAT-MAJOR IMPÉRIAL

DE NAPOLÉON Ier

1812-1813-1814

PUBLIÉS PAR M. WACLAW GASIOROWSKI

TRADUITS DU POLONAIS PAR MM. JAN V. CHELMINSKI
ET LE COMMANDANT A. MALIBRAN

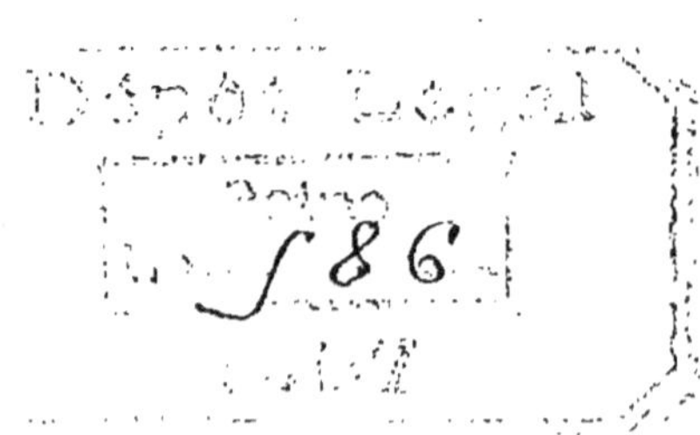

PARIS

LIBRAIRIE PLON

PLON-NOURRIT ET Cⁱᵉ, IMPRIMEURS-ÉDITEURS

8, RUE GARANCIÈRE — 6ᵉ

1907

Le manuscrit original des mémoires dont nous donnons la traduction française se trouve à la bibliothèque Ossolinski, à Lemberg (Gallicie), où il est catalogué sous le n° 4197.

Ces mémoires ont été publiés sous le titre suivant, par M. Waclaw Gasiorowski, homme de lettres distingué, auteur de plusieurs ouvrages sur l'époque napoléonienne :

PAMIETNIKI WOJSKOWE JOZEFA GRABOWSKIEGO
oficera sztabu cesarza Napoleona I
1812-1813-1814
Za zezwoleniem biblioteki im. ossolinskich
we lwowie.
Opracowal Waclaw Gasiorowski.
Warszawa, nakladem kasy Warszawskich
pomocnikow ksiegarskich. 1903.

M. Gasiorowski a écrit pour cette édition une préface dont nous donnons également la traduction.

L'auteur des mémoires, Joseph Grabowski, faisait partie de l'armée polonaise, alliée à la France, en 1812. Quoique attaché à l'état-major général de 1812 à 1814, il a continué à figurer sur les contrôles de l'armée polonaise. Aussi n'avons-nous pu retrouver ses états de services aux archives du ministère de la guerre, qui ne possèdent sur l'armée polonaise que le contrôle du régiment de chevau-légers-lanciers polonais, qui faisait partie de la garde impériale. Les deux seules pièces concernant Grabowski qui existent au ministère de la guerre sont les suivantes :

RAPPORT
à S. M. l'Empereur et Roi

Fontainebleau, le 5 avril 1814

SIRE,

Le chef d'Escadron Grabowski employé à l'Etat M^{or} g^l vient de remplir une mission importante, dans laquelle il a été fait prisonnier. Il s'est échappé et a rapporté des renseignemens intéressans.

J'ai l'honneur de proposer à Votre Majesté de lui accorder la décoration de la Légion d'honneur. Mr Grabowski est un bon Officier qui a beaucoup de zèle et d'intelligence.

Je joins un projet de Décret.

Le Prince vice-Connétable
major général
ALEXANDRE.

MONSEIGNEUR,

Ayant demandé la Croix de St Louis, je suis obligé d'appuyer ma demande de mon état de service.

Je vous prie Monseigneur de me donner une autorisation pour le demander dans les Bureaux de la Guerre.

Je suis avec respect Monseigneur
Votre très humble et très
obéissant serviteur

Le Cte DE GRABOWSKI
rüé neuve des Mathurins n° 40

Paris 30 juin 1814.

Joseph Grabowski est porté comme chevalier de la Légion d'honneur, à la date du 5 avril 1814, sur l'Annuaire publié en 1852 par la Grande Chancellerie.

PRÉFACE

DE L'ÉDITION POLONAISE

Encore des mémoires militaires, encore un document écrit de la main d'un soldat, et un document remarquable par tant de simplicité et de clarté, si vibrant des espoirs de l'époque, qu'on s'étonne qu'il n'ait pas encore été publié, et qu'on ait laissé jaunir dans l'oubli un manuscrit aussi intéressant! On a pourtant mis au jour tant de mémoires sans importance, sans authenticité suffisante, remplis de bavardages, de hâbleries, dictés beaucoup plus par l'amour-propre et par l'ambition que par l'amour de la vérité.

Depuis quelques années, on a publié quantité de mémoires militaires, sous prétexte d'y rapporter de nouveaux souvenirs de Napoléon ; mais quels résultats a-t-on obtenus? On n'y trouve que bavardage, ambition, événements dénaturés, et surtout envie de faire valoir devant la postérité le nom de quelque personnage ou de quelque famille; leur but n'a été que la satisfaction de la vanité et le désir de remplir le coffre-fort de l'éditeur et de l'imprimeur.

A peine pourrait-on de ce fatras tirer trois ou quatre bons volumes. Exceptons-en pourtant les Mémoires d'Ostrowski, Zaluski, Chodzko, Soltyk, Skarbek, Joseph Krazinski, Wybranowski et Dembinski, qui jettent sur les faits la lumière de la vérité.

Les Mémoires de Joseph Grabowski offrent-ils ces qualités si rares dans les écrits analogues? Pour ma part, je le pense, et pour montrer que ce n'est pas par amour-propre d'éditeur, je me permets de faire remarquer que Grabowski raconte surtout ce qu'il a vu et ce qui s'est passé autour de lui. Il écrit avec détail et ne se trompe presque jamais de date; en écrivant, il étudie les ouvrages déjà parus à son époque et ajoute à chaque pas quelque nouveau détail.

En outre, Joseph Grabowski était officier à

l'état-major de Napoléon ; ami et camarade de Roman Soltyk, d'Alexandre Fredro et d'André Niegolewski, il occupait comme eux une situation qui lui permettait d'observer ; étant à la source des ordres, il n'était pas dans le cas de l'officier qui, attaché à une compagnie d'infanterie, voudrait rapporter les événements et ne saurait répéter que des on-dit.

Les Mémoires de Grabowski ont encore cette valeur, qu'ils commencent au moment où la majorité des autres mémoires se terminent, au moment où se précipitent fiévreusement les derniers événements de la tragédie napoléonienne. De là l'abondance des détails nouveaux et des épisodes inconnus jusqu'à présent. Mais ce que j'apprécie le plus dans ces Mémoires, c'est leur esprit, c'est l'amour, la foi qu'ils témoignent à Napoléon. Presque tous les contemporains de Grabowski, quelque admiration qu'ils aient eue pour le grand conquérant, mêlent un certain scepticisme à leur dévouement à l'Empereur ; ils se sentent exploités, trompés par lui, et s'ils n'y font pas d'allusion directe, ils laissent soupçonner l'exploitation des Polonais par Napoléon ; au fond

de leurs plaintes et de leurs amères récrimi-
nations, on sent facilement leur désappointement d'une croix de la Légion d'honneur ou
d'un avancement qu'ils n'ont pas obtenus.
Grabowski, écrivant ses Mémoires dans sa
soixantième année, reste fidèle et dévoué à
Napoléon, et s'il sort des reproches de ses
lèvres, c'est seulement pour ceux qui d'un
cœur léger ont osé calomnier l'Empereur qu'il
adorait.

On peut discuter les opinions de Grabowski,
on peut n'être pas de son avis, mais il faut
avouer que dans sa défense chaleureuse de
l'Empereur, dans la piété vraie qu'il avait
pour lui, quand il resta près de lui jusqu'au
dernier moment, sans aucun intérêt, il y a
quelque chose de sublime, qui montre qu'il
était vraiment napoléonien de cœur.

Grabowski ne reçut cependant de l'Empereur ni tortil de baron, ni couronne de comte,
ni distinction exceptionnelle. Sa destinée fut
d'assister à la chute de Napoléon, et de rester
à un moment où celui-ci ne pouvait plus lui
accorder ni dotation, ni croix, ni cadeaux. On
peut dire que Grabowski a commencé son ser-

vice au moment même où d'autres plus prudents pensaient à l'avenir; la dernière mission dont on le chargea, il l'accomplit quand l'acte d'abdication était déjà signé. Et quand Napoléon, voyant les sacrifices du jeune officier, voulut faire quelque chose pour lui, il était trop tard, il n'était plus empereur.

Ce qu'il y a encore dans ces Mémoires, c'est la sincérité, c'est l'absence d'acrimonie dans la critique. Grabowski ne craint pas d'avouer qu'il a connu la peur : il ne fait pas parade de son héroïsme; lui-même raconte que c'est aux prières de sa mère qu'il a dû d'échapper à la mort dans les affaires les plus sanglantes.

Joseph-Ignace-Thaddée Grabowski descendait d'une famille noble; il était fils d'Adam Grabowski, staroste de Lipno, chambellan du roi, et de Louise de Turno, fille de Jean de Turno, général-major polonais. Il était né en 1791. Son père étant mort quand il était jeune, il dut toute son éducation à sa mère. Nous apprenons par ses Mémoires qu'il devait sa connaissance des langues française et allemande à un prêtre français émigré qui avait trouvé un abri chez sa mère; il termina ses études à l'Université et voyagea en Europe jusqu'en 1812. La marche de la Grande Armée réveilla en lui les sentiments militaires qu'il tenait de ses ancêtres, et à vingt et un ans, il s'enrôla dans l'armée polonaise, et partit avec le 5ᵉ corps, commandé par le prince Joseph Poniatowski. La première partie de sa vie militaire resta dans l'ombre, il n'en parle que pour dire : « Ma situation comme officier subalterne était tellement insignifiante, que, n'ayant pas eu l'occasion de me distinguer, j'étais perdu dans la foule, dans l'obscurité et dans l'ignorance de ce qui m'entourait. » Ce n'est qu'à la fin de la campagne de 1812, quand Grabowski faisait le service auprès du général Sokolnicki, et qu'il fut appelé à l'état-major de l'Empereur, qu'il fait commencer son service pénible, périlleux, mais honorable, d'officier d'ordonnance.

Le jeune officier d'état-major n'a pas un instant de repos, les missions les plus dures tombent sur lui, mais son intelligence et sa vigueur ne l'abandonnent pas : la journée de Lützen lui apporte son grade de capitaine ; la dernière période de la campagne de 1814 le voit chef d'escadrons, et lui fait obtenir la croix de la Légion d'honneur.

Si l'on remarque que cet avancement arrive à un si jeune officier en dix-huit mois de service seulement à l'état-major impérial, on peut penser que les services de Grabowski ont été suffisamment appréciés et récompensés ; mais lorsqu'on lit dans ses Mémoires ces mots si simplement dits : « J'étais là… on m'a envoyé là… on m'a donné l'ordre de remplir cette mission… je parcourais le champ de bataille… » , si l'on compare les actes et les récompenses, on ne s'étonne plus et on est convaincu que cet admirateur de l'Empereur ne vivait que pour lui et pour l'amour de sa patrie.

C'est en 1814 que se terminent les mémoires, et c'est alors que commence la vie de travail comme citoyen de notre auteur. Une fois encore le service militaire le rappelle, bien qu'il laisse chez lui une jeune femme et un fils : en 1831, il endosse encore l'uniforme de lieutenant-colonel du 3e régiment de chasseurs à cheval. Ensuite il retourne à Lukow, dans le duché de Posen. Il devient membre à vie de la chambre haute prussienne, maréchal de diète du duché de Posen en 1845, et directeur général du Crédit agricole du même duché. Au milieu de ces trois hautes situations, il n'oubliait pas les mauvais gîtes, les missions dangereuses de l'officier d'état-major, son admiration pour l'étoile napoléonienne et l'Empereur alors disparu !

Grabowski a vécu jusqu'en 1880.

Je me suis permis de placer mon nom sur cette édition de ses Mémoires, que j'ai mis en ordre et annotés. Le manuscrit original est extrêmement difficile à lire, au point que pour déchiffrer les noms propres j'ai dû me livrer à de pénibles recherches. Grabowski n'était pas un littérateur, et souvent quand il commençait un récit avec passion, ses idées se mêlaient et il en résultait un chaos que j'étais obligé de mettre en ordre. Aux endroits où Grabowski donne des détails nouveaux sur les faits et les personnages, où les mémoires deviennent un document, j'ai laissé les fautes grammaticales. Mon devoir était de présenter ces Mémoires dans la forme même où je les ai trouvés ; je considère en effet comme un crime de faire les moindres corrections ou des changements d'expressions, qui peuvent introduire des inexactitudes dans des mémoires historiques.

Pour terminer, je citerai une annotation de Grabowski :

« En commençant à écrire ces mémoires, j'avais pensé à les publier sous un pseudonyme, aussi je les ai écrits comme étant l'œuvre d'un émigré polonais. Mais, en les poursuivant, je me suis rendu compte qu'écrivant pour mes enfants, il fallait exprimer mes sentiments, et raconter les faits avec la plus grande exactitude. Il m'était donc impossible d'écrire sous un pseudonyme, qui aurait été découvert par tous ceux qui me connaissaient. Par suite, si quelqu'un avait l'idée de publier ces mémoires, il faudrait en changer le commencement et l'écrire différemment. »

Je me suis autorisé de cette note pour supprimer quelques lignes relatives aux émigrés polonais, et je suis entré de plain-pied dans les mémoires, en les divisant seulement en chapitres pour leur donner plus de clarté.

W. GASIOROWSKI.

MÉMOIRES MILITAIRES

DE

JOSEPH GRABOWSKI

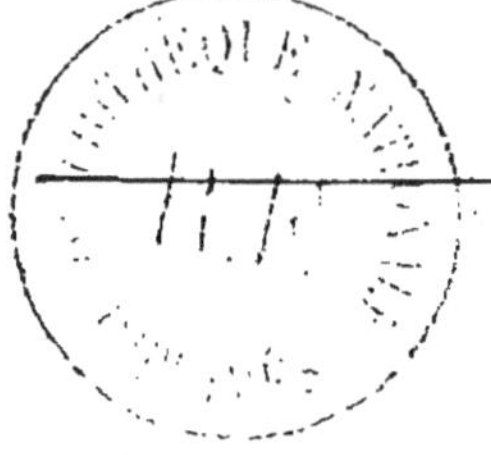

CHAPITRE PREMIER

Mon entrée dans l'armée. — L'an 1812. — Attaché à l'état-major général. — Les officiers français dans les pays étrangers. — Marche vers la Prusse. — Histoire du trésor impérial. — La côte de Ponary. — Ferrure des chevaux. — Pillage. — Les paysans prussiens. — Les malheureux. — Entrée à Posen. — Combat. — Le régiment de Gedroïc. — Rencontre à Francfort-sur-Oder. — Mission auprès de l'ambassadeur français à Breslau. — Trahison de Sornecillac. — La fuite de Berlin du roi de Prusse. — La guerre avec la Prusse.

Je ne parlerai pas de ma naissance ni de ma jeunesse. J'ai fait mes études au lycée et à l'université comme la plupart de ceux à qui leur situation et leur fortune permettaient de le faire. Je possédais les langues française et allemande assez à fond pour pouvoir m'exprimer et écrire, surtout en français. Je devais ces connaissances

1

à des prêtres émigrés français qui avaient fui les persécutions de la Révolution et s'étaient réfugiés dans notre pays. Après avoir terminé mes études, je voyageai en Europe, et à mon retour, en 1811, j'entrai dans l'armée, à la veille de la campagne de 1812.

Tout ce que j'ai vu et qui m'est arrivé, du commencement de la campagne jusqu'à la bataille de Smolensk et l'entrée à Moscou, je n'en dirai rien : ces événements sont assez connus. Ma situation à cette époque, comme officier subalterne, était tellement insignifiante que, n'ayant pas eu l'occasion de me distinguer, j'étais perdu dans la foule, dans l'obscurité et dans l'ignorance de ce qui m'entourait.

L'histoire de cette campagne, qui débuta si glorieuse pour finir si malheureusement, appartient à la plume de brillants écrivains. Pour moi, je ne pourrais qu'énumérer les marches, les bivouacs et les combats auxquels je pris part avec mon régiment, et je n'aurais rien d'intéressant à écrire. Je commence mes mémoires à la période de ma carrière militaire où je fus envoyé à l'état-major général par ordre du prince Poniatowski. Les motifs de cet ordre furent les suivants.

Dans les campagnes antérieures, on avait souffert vivement à l'état-major général, aussi bien qu'à l'état-major des maréchaux et généraux, du manque d'officiers connaissant la langue des pays où Napoléon conduisait ses troupes. En Allemagne, en Espagne, en Italie, on avait tâché d'utiliser les officiers qui parlaient la langue du pays et en connaissaient un peu les habitudes. En outre, d'autres officiers reçurent l'ordre d'apprendre les langues étrangères. Ces officiers étaient envoyés aux différents états-majors. Mais il en fut des officiers envoyés pour apprendre les langues comme des employés prussiens du duché de Posen : leur gouvernement leur donnait un congé et les fonds nécessaires pour apprendre le polonais; ils n'apprenaient rien ou à peine quelques mots. Les Français ont moins de facilité que les Allemands pour apprendre les langues étrangères et sont en général moins instruits qu'eux. A cette époque, on tenait peu de compte de l'éducation et de l'instruction pour faire d'un soldat un officier; la bonne conduite, la connaissance du service et la bravoure étaient les titres les plus importants pour l'avancement.

Aussi, lorsque l'armée française entrait en pays étranger, officiers et soldats étaient muets; ils ne pouvaient se faire comprendre, s'ils ne rencontraient quelqu'un qui parlât français. Par suite, le service de l'état-major eut assez à souffrir : quand un officier était envoyé avec des dépêches ou des ordres, ignorant la langue du pays, il ne pouvait trouver son chemin, était souvent pris par l'ennemi, ou, s'étant égaré, ne pouvait arriver en temps utile, ce qui était très gênant pour le maréchal ou le général auquel il était envoyé. C'est pour éviter ces inconvénients que, pendant la guerre d'Allemagne, on attacha à différents états-majors des Bavarois, des Badois et des officiers des troupes alliées. En Espagne on employa des officiers suisses qui étaient au service du roi Charles IV. Lorsque l'armée française entra dans notre pays, tous les officiers allemands ou suisses devinrent inutiles.

A Wilna, où le 8e lanciers, du duché de Varsovie, sous le commandement du prince Dominique Radziwill, faisait le service d'avant-garde, l'Empereur trouva nécessaire d'attacher à son état-major des officiers polonais, et ordonna aux maréchaux et généraux de faire de même. Mais nos officiers ne voulaient pas s'éloigner de leurs régiments, et c'était avec difficulté que les Français pouvaient persuader aux Polonais de prendre du service chez eux.

Alors l'Empereur donna l'ordre au prince Poniatowski, commandant du 5e corps, de lui envoyer six officiers qui possédassent à fond les langues polonaise, française, allemande et russe aussi, s'il était possible ; en outre, ils devaient être intelligents, bien élevés et de bonne famille. Cet ordre était ainsi conçu : « Vous m'enverrez six officiers de bonne famille, possédant les langues française, allemande et polonaise, la langue russe (s'il est possible), et d'une éducation soignée et cultivée. Ils seront attachés à mon état-major général. »

Je fis partie de ces officiers, étant à ce moment aide de camp du général Sokolnicki. Je fus attaché à l'état-major général au mois de novembre 1812. J'y retrouvai quelques officiers nommés là avant moi, et qui étaient : les capitaines Bninski, Andrée Niegolewski, Dominique Rejtan, fils du député, et Suchorzewski, également fils du député.

Parmi ceux qui furent commandés comme moi, aucun ne resta longtemps à l'état-major. Il y eut quelques Lithuaniens, entre autres Soltan ; mais pendant notre retraite de Russie, quelques-uns restèrent chez eux, d'autres furent faits prisonniers. A la fin, quand nous repassâmes le Niémen en décembre 1812, il ne restait à l'état-major général que quatre officiers polonais, Rejtan, Niegolewski, Suchorzewski et moi.

Les missions en Lithuanie dont nous fûmes chargés pendant notre retraite à travers la

Prusse et le duché de Varsovie furent de peu d'importance, car l'armée française était bien démoralisée et presque sans commandement. Chaque général ou commandant de régiment conduisait ses troupes comme il pouvait, surtout après le passage de la Bérézina.

Le 5 décembre, l'Empereur partit de Smorgoni pour Paris, et son état-major et sa maison le suivirent de près. Le roi de Naples prit le commandement de l'armée; mais, en réalité, il n'y avait rien à commander. Le général de division comte Monthyon remplaça comme chef d'état-major le prince Berthier, major général, qui partit aussi après l'Empereur.

Ce n'est qu'à Königsberg et surtout à Posen, que le vice-roi d'Italie commença à réorganiser les débris de la Grande Armée. C'est à Königsberg qu'il remplaça Murat dans le commandement de l'armée.

Je réussis, quoique avec beaucoup de dangers, à exécuter quelques missions pendant notre retraite dans la Prusse orientale. Les Russes nous avaient suivis, mais sans trop nous attaquer, car ils souffraient aussi des rigueurs du froid. Les cosaques étaient plus audacieux. Mais le danger le plus grand nous vint des habitants de la Prusse, qui cherchaient à se venger de six ans de servitude et d'humiliations. Ils torturaient les malheureux soldats sans armes, dépouillaient les hommes blessés, malades ou gelés, leur prenaient tout, et assassinaient les soldats égarés. Il faut avouer que la plupart de ces malheureux furent des officiers, soldats et employés de l'armée qui portaient sur eux de l'argent et des objets de valeur provenant de pillages antérieurs, surtout du pillage du trésor impérial auprès de Wilna.

Je ne sais si l'histoire du pillage du trésor impérial est connue : je vais la raconter brièvement. Déjà au passage de la Bérézina un grand nombre de voitures, de charrettes et traîneaux étaient restés sur la rive gauche; une partie tomba à l'eau, le reste fut pris par les Russes, avec les officiers et soldats qui les escortaient. Les voitures qui avaient pu passer les ponts avant la bataille de la Bérézina prirent la route de Wilna, mais furent arrêtées au pied de la hauteur de Ponary, non loin de Wilna.

Les voitures impériales, celles du trésor de l'armée (20 millions de francs), les voitures des maréchaux et des généraux, des canons, des caissons et des centaines de voitures de différents équipages, fourgons, charrettes, traîneaux s'accumulèrent sur ce point dans le plus grand désordre. Le froid était terrible, et quoique le chemin fût couvert de neige, le verglas empéchait les chevaux, qui n'avaient pas de crampons aux fers, non seulement d'avancer, mais même de bouger. Les voitures qui réussirent à passer la frontière avaient pris la route de Wilna au Niémen, mais la plus grande partie restait au pied de la hauteur de Ponary. Justement les cosaques se montraient et commençaient à attaquer.

Quelques centaines de soldats, débris de la garde à pied, escortaient le trésor et les équipages de l'Empereur, ainsi que les voitures chargées du butin de Moscou, en particulier la grande croix de l'église d'Iwan, destinée à être emportée à Paris comme trophée.

Malgré tous les efforts, on ne put faire avancer les voitures; toutes se suivaient dans le plus grand désordre; chacun, défendant sa propriété, voulait arriver le premier en haut de la montagne, en bousculant les autres. Mais la cause principale de ce désastre fut l'entêtement qu'avaient mis les Français à ne pas vouloir ferrer leurs chevaux avec des crampons à glace. Tous les chevaux avaient des fers plats, un certain nombre étaient déferrés, et c'étaient eux qui tenaient le mieux sur le verglas. A plusieurs reprises, on avait conseillé à l'Empereur et aux maréchaux de donner l'ordre de ferrer les chevaux avec des crampons aigus, mais ce fut en vain.

On avait pourtant l'exemple de notre armée, qui exécuta souvent des charges sur le verglas, et qui opéra sa retraite avec les mêmes cent canons qu'elle avait emmenés en partant pour la campagne de Russie : elle a subi les mêmes froids, résisté aux mêmes verglas que l'armée française.

Les Français étaient convaincus que les fers à crampons fatiguaient les chevaux et pouvaient occasionner des blessures, si l'animal frappait un pied sur l'autre. Cela a pu arriver, c'est vrai, mais fort rarement; ce n'était pas une raison pour renoncer aux avantages procurés par les crampons, et sacrifier une quantité de chevaux pour éviter quelques rares accidents. Les grandes pertes en matériel d'artillerie, fourgons et caissons furent donc bien dues, sinon à l'obstination, du moins à la négligence des Français. Il en fut de même pour la cavalerie, dont les chevaux n'étaient pas en état de charger, ni même d'avancer.

Revenons maintenant à la hauteur de Ponary, au pied de laquelle s'immobilisait dans l'encombrement une masse d'hommes, de chevaux et de voitures. Quand les conducteurs se furent convaincus de l'impossibilité de gravir la route, et que les cosaques commencèrent à attaquer avec vigueur, en tirant des salves d'artillerie sur le convoi, ce fut une panique, un sauve-qui-peut, un désarroi général. On coupait les traits des attelages pour s'enfuir avec les chevaux seuls, on tirait des voitures ce qui pouvait avoir de la valeur... En même temps, les soldats de la garde, voyant le trésor impérial, défoncèrent le haut des fourgons à coups de crosse et commencèrent à prendre l'or qui était enfermé dans de petits sacs. Après en avoir pris autant qu'ils pouvaient porter, les hommes de l'escorte laissèrent la place à d'autres.

A ce moment, ce fut un vrai pillage : tout le monde se jetait sur le trésor, les napoléons d'or se mêlaient à la neige. Plusieurs des pillards payèrent de leur vie leur cupidité, tués par les boulets russes. Tous les fourgons du trésor furent brisés, et tous les objets de valeur pillés et volés; argenterie, habits richement brodés, bijoux, tabatières, montres, or; quelques soldats s'en étaient tellement chargés qu'ils ne pouvaient plus bouger. Le reste de ces richesses tomba dans les mains des cosaques, en même temps que les Français trop lourdement chargés qui n'échappèrent pas à leur sort. D'ailleurs ceux qui échappèrent à la captivité à ce moment ne furent pas plus heureux plus tard, et furent punis plus cruellement qu'ils ne pouvaient l'imaginer.

Auprès de Wilna, et à Wilna même, quand les soldats fatigués et gelés voulurent prendre un peu de repos et utiliser l'argent pillé pour réparer leurs forces, la plupart furent faits prisonniers. Les juifs surtout, apercevant l'or et les bijoux, invitaient les fuyards à entrer chez eux sous prétexte de leur procurer des fourrures, des vêtements ou des chevaux, et quand ces malheureux s'enivraient ou s'endormaient, ils les assassinaient et les dépouillaient. Les autres traînards qui avaient réussi à acheter un cheval ou un traîneau et ceux qui avaient encore assez de force pour suivre l'armée étaient assassinés sur la route ou pendant la nuit par les paysans prussiens. La nouvelle s'était répandue que les Français portaient sur eux des richesses; aussi quand un Français entrait dans une auberge, on lui demandait un napoléon d'or pour un verre, et s'il avait l'imprudence d'y passer la nuit isolé de ses camarades, on l'assassinait pour lui voler tout ce qu'il possédait.

Souvent les blessés ou les isolés furent attaqués en plein jour, dépouillés de tout et laissés sans ressources.

La trahison du général prussien York surexcitait le patriotisme et déchaînait la vengeance du peuple à un tel point que les femmes mêmes osaient tuer et dépouiller les Français. Il faut en avoir été témoin pour pouvoir croire aux horreurs de cette époque.

Quoique l'aspect des officiers et des soldats blessés et gelés fût digne de pitié, leur costume excitait la risée des indifférents, et la misère des fuyards encourageait leurs ennemis à les insulter et les maltraiter.

Ces malheureux, qui fuyaient devant les Russes pour éviter la captivité, et luttaient contre l'intensité du froid, présentaient en effet un aspect bizarre. Grands bonnets de fourrures, manteaux de femmes, jupes, châles, vêtements très riches ou simples habits de paysans, tout servait à couvrir les membres gelés de ces soldats jadis si bien habillés. Les uns étaient vêtus de simples peaux de mouton, d'autres portaient sur le dos une misérable couverture de laine, quelques-uns se drapaient dans leur manteau d'uniforme à moitié brûlé par les feux de bivouac. S'appuyant sur des bâtons, les pieds enveloppés de chiffons, ces malheureux se traînaient avec difficulté sur la neige. Les sentiments humains n'existaient plus chez eux... L'ami refusait à son ami une place dans sa voiture ou son traîneau, sans penser qu'en agissant ainsi il le condamnait à mort. Les routes étaient couvertes de morts et de moribonds.

Les cosaques, qui suivaient l'armée en dé-
pouillant les morts et les vivants, cherchant
tout ce qui avait de la valeur, présentaient aussi
un aspect bien drôle. Surchargés de butin, leurs
chevaux pouvaient à peine avancer. On en
voyait beaucoup qui portaient sous leur manteau un habit richement brodé de général français ; leurs poches étaient remplies de bagues et
de montres, ils portaient des sacs d'argent et
d'or pendus à leur selle. On a vu aussi des soldats
français vêtus de chasubles orthodoxes ou catholiques, vêtements pillés dans les églises pendant
la retraite.

Les troupes qui marchaient sous le commandement d'officiers supérieurs ne se livrèrent
jamais au pillage ; ce fut le fait d'une foule de
maraudeurs et de vagabonds ; quand on eut repassé le Niémen, ils se répandirent dans toute
la Lithuanie, et quoique l'ordre du jour an-
nonçât à l'armée française qu'elle était en pays
allié, beaucoup de soldats s'imaginaient ou pré-
tendaient être encore en pays ennemi.

Ce fut vraiment un bonheur que les cosaques
n'aient pas poursuivi les fuyards avec plus de
vigueur ; mais ils savaient que beaucoup de
Français avaient encore leurs armes ; eux-mêmes
étaient très surchargés ; ils ne craignaient pas
les balles, mais ils avaient peur de perdre leur

butin; aussi ne cherchaient-ils à attaquer que les fuyards sans armes.

L'armée régulière russe, commandée par le prince Woronzow, nous suivit bien lentement.

La situation des officiers de l'armée française était très triste, surtout en Prusse. Je fus néanmoins assez heureux pour remplir quelques missions, mais au milieu de dangers que ma connaissance seule de la langue allemande me permit d'éviter, en trompant toujours avec succès les maîtres de poste et les postillons sur ma nationalité.

Nous passâmes la Vistule, hâtant notre marche vers Posen, en abandonnant sur la route ceux qui ne pouvaient nous suivre. Nous entrâmes à Posen le 17 janvier 1813 : le même jour, le roi de Naples partait pour ses États. Ce fut à Posen que les débris de la Grande Armée purent prendre enfin un peu de repos. Le viceroi mit tous ses soins à réorganiser cette armée si décimée. Nous n'avions que très peu de cavalerie. L'escadron de chevau-légers lanciers de la garde impériale, commandé par son chef Jerzmanowski, était, on peut le dire, la seule vraie cavalerie. Quelques centaines de vieux grenadiers de la garde, avec leurs bonnets à poil brûlés par les feux de bivouac, se présentaient encore assez bien et gardaient leur allure martiale.

Dans la même ville, nous trouvâmes plusieurs centaines de recrues et de volontaires polonais, qui, sans armes et sans vêtements militaires, attendaient leur incorporation dans les différents régiments, car la levée générale en Pologne avait été ordonnée trop tard. Ces hommes furent armés par le vice-roi et mis en état de marcher.

Cependant le général Woronzow s'avançait, après avoir combattu à Rogozno un régiment de la légion de la Vistule, commandé par le colonel Estko et le commandant Krobicki.

Un régiment lithuanien de nouvelle formation, commandé par le prince Gedroïc, faisait sa retraite pour se joindre à nous. Il se logea tranquillement dans le petit bourg de Sierakow, mais y fut attaqué par les cosaques et l'infanterie de Woronzow, battu et presque anéanti. A peine quelques officiers et soldats purent s'échapper et arriver à Posen.

Le 12 février 1813, le vice-roi quittait Posen; le 18 il arrivait à Francfort-sur-Oder. Les Russes faisaient leur entrée à Posen quatre jours après notre départ.

A Chelmno et Pniewo, les cosaques nous avaient attaqués sans succès. Notre armée, quoique peu nombreuse, se réveillait, pensant à son ancienne force ; le soldat reprenait courage et revenait à la discipline.

Entre Miedzyrzec et Francfort, nous rencontrâmes la division d'infanterie du général Grenier, marchant en excellent ordre de combat. Dès ce moment, les Russes cessèrent leur poursuite. Nos troupes marchèrent tranquillement sur Berlin, se réjouissant de prendre de bons quartiers et impatientes de rejoindre dans cette ville les troupes fraîches, quoique peu nombreuses, des maréchaux Augereau et Saint-Cyr.

Je me souviens bien que pendant notre marche nous rencontrâmes près de Francfort une remonte de huit cents chevaux, en route pour Breslau, et destinés aux régiments de cavalerie prussiens qu'on organisait dans cette ville. Le vice-roi aurait bien voulu prendre ces chevaux pour les donner aux cavaliers polonais qui avaient perdu les leurs et marchaient à pied ; mais il les laissa passer, de peur de porter atteinte au traité qui existait encore entre la France et la Prusse. Le roi de Prusse avait désavoué la trahison du général Yorck, qui passait aux Russes, et le faisait traduire devant un conseil de guerre : il ne rompait donc pas encore ouvertement le traité conclu avec Napoléon.

Une autre partie de l'armée française, avec

le corps saxon, sous les ordres du général Reynier, opérait sa retraite par Varsovie et Kalisz;
avant de pouvoir faire sa jonction avec nous sur
l'Elbe, le général Reynier fut obligé d'engager
quelques combats sanglants avec les Russes.

Les autres corps français étaient aussi en retraite par différents chemins; des troupes françaises et polonaises avaient remplacé les garnisons de Dantzig, Thorn, Modlin, Zamosc,
Glogau, Stettin et Kustrin. Le corps du prince
Poniatowski quittait Varsovie pour Cracovie.

Le vice-roi d'Italie m'envoya à Breslau avec
des dépêches pour M. Saint-Marsan, ambassadeur français à la cour de Berlin, qui avait suivi
le roi de Prusse de Berlin à Breslau.

Il faut que je mentionne ici la manière dont
le roi de Prusse échappa à la surveillance des
Français à Berlin. Le maréchal Augereau avait
reçu l'ordre de l'Empereur de ne pas laisser le
roi de Prusse partir de Berlin, et, en cas de l'arrivée subite des Russes aux environs de Berlin,
de l'obliger à se retirer à Magdebourg avec
l'armée française.

Frédéric-Guillaume, cachant ses intentions
et voulant s'allier à l'empereur Alexandre, ras-
sembla ses troupes à Breslau, et voulut partir
pour cette ville, en donnant au maréchal Augereau l'assurance qu'il organisait son armée

comme allié des Français et pour tenir tête à l'armée russe.

Il y avait à l'état-major du maréchal Augereau un ordonnateur en chef nommé Sornecillac (1). Il apprit par hasard l'ordre envoyé par l'Empereur au maréchal de ne pas laisser partir le roi de Prusse.

On sait quelles espèces de gens furent les commissaires des guerres et les ordonnateurs : à peu d'exceptions près, c'étaient des voleurs

(1) Le nom de Sornecillac n'existe dans aucun dossier des archives du ministère de la guerre ; il ne figure pas sur la liste des commissaire des guerres du Premier Empire. Les situations du 11e corps de la Grande Armée, commandé par le maréchal Augereau, portent comme ordonnateur en chef M. Trousset, annoncé, non arrivé, ses fonctions étant remplies par M. Rivaud, commissaire des guerres de 2e classe ; et ceci pour la période du 1er octobre au 31 décembre 1812. Le 11e corps fut disloqué à ce moment pour aller renforcer les débris de la Grande Armée.

M. Trousset n'a jamais rejoint son poste d'ordonnateur en chef du 11e corps. Fait prisonnier lors de la retraite de Moscou, il fut amené les pieds et les mains gelés à Marienpol, où il mourut le 21 décembre 1812.

Quant à M. Rivaud, il poursuivit sa carrière activement jusqu'en 1817 ; nommé sous-intendant militaire auxiliaire en 1820, il fut retraité en 1826.

Grabowski se fait donc l'écho d'un faux bruit en accusant de trahison l'ordonnateur en chef du maréchal Augereau ; peut-être l'auteur de cette trahison fut-il un employé subalterne de l'administration, commis aux vivres ou aux fourrages, sous les ordres de l'ordonnateur en chef.

Commandant M...

qui rançonnaient le pays pour le compte des magasins et d'entrepreneurs.

Ce Sornecillac comprit très bien quelle pouvait être l'importance de cet ordre pour le roi de Prusse et, dans l'espoir d'une bonne récompense, l'en avisa. Frédéric-Guillaume partit sans retard pour Breslau, où il se fit entourer de son armée.

Après la guerre, le roi de Prusse fit don à Sornecillac de domaines importants qui avaient appartenu à un couvent nommé Francendorf, et M. l'ordonnateur se fit appeler dès lors « le baron de Francendorf-Sornecillac ». Autant que je me souviens, ce monsieur est resté à Berlin, bien entendu après avoir quitté l'armée française.

Comme je l'ai dit, le vice-roi m'envoya le 10 mars de Magdebourg à Breslau, avec l'ordre de prendre la route de Dresde, dans la crainte que la route directe fût occupée par les cosaques ou par les Prussiens devenus alors nos ennemis. J'arrivai le 14 mars à Breslau et j'y trouvai M. Saint-Marsan sur le point de partir, parce qu'on attendait l'arrivée de l'empereur Alexandre avec l'avant-garde russe ; le traité secret conclu à Kalisz entre la Prusse et la Russie était déjà connu.

Je ne restai à Breslau que quelques heures. La ville était pleine de volontaires, et la jeunesse prussienne qui s'organisait, en prenant divers costumes ou uniformes, poussait des cris et des vociférations contre les Français. Dans les rues on voyait partout collé sur les murs et sur les maisons la proclamation du roi de Prusse avec le titre : « An meinen Volk. »

M. Saint-Marsan avait déjà reçu ses passeports. Le général Kalkreuth, chez qui je fus obligé de me rendre, signa le mien et m'ordonna de quitter la ville immédiatement.

M. Saint-Marsan me prit sous sa protection et je fis partie de sa suite ; autrement je n'aurais pu quitter Breslau et j'aurais été emmené en captivité. Nous partîmes pour Dresde. En arrivant à Bautzen, nous tombâmes sur des cosaques, commandés par Brendel, un Allemand au service des Russes. Il eut grande envie de nous arrêter, moi surtout qui portais un uniforme français, et qu'il jugeait ne pas appartenir à la diplomatie. Mais M. Saint-Marsan protesta énergiquement, affirmant que j'étais arrivé comme courrier diplomatique avant la déclaration de guerre du roi de Prusse, et que je possédais un passeport visé par le général Kalkreuth, qui prouvait que j'appartenais au cortège de l'ambassadeur français. Brendel, convaincu par les arguments de M. Saint-Marsan, se décida à nous laisser partir.

CHAPITRE II

M. Saint-Marsan et sa suite n'arrivèrent que bien à temps à Dresde, car dès le lendemain matin les Français, qui occupaient la ville sous le commandement du maréchal Davoust, firent sauter une arche du pont et se retirèrent sur Leipzig. Je partis en hâte pour Magdebourg, où le vice-roi déployait son armée et défendait les passages de l'Elbe.

De Magdebourg nous fîmes plusieurs sorties et nous rencontrâmes les troupes prussiennes de nouvelle formation, qui s'étaient jointes aux Russes.

Je fus presque toujours de service à Magde-

bourg jusqu'à la bataille de Lützen. Mes camarades Soltyk, Rejtan, Suchorzewski et Niegolewski connaissaient très peu la langue allemande, et presque toujours les missions retom-
baient sur moi.

Pendant la journée nous faisions des sorties
et des reconnaissances, et nous nous occupions
de recevoir les journaux allemands, berlinois ou
autres. Comme le patriotisme prussien était
très monté contre les Français, les journaux
allemands attisaient chaque jour la vengeance
des Prussiens, imprimant de vraies comme de
fausses nouvelles, prodiguant les insultes et les
calomnies contre les Français. Un journal de la
petite ville de Berg, le *Bergscherkurier*, était
très bien rédigé et donnait des nouvelles très
exactes.

Nous prenions en outre les lettres dans les
bureaux de poste; nos espions nous apportaient
les proclamations et les journaux : c'était moi
qui traduisais en français les journaux et les
lettres, pour y prendre les informations qui pouvaient nous être utiles. Très souvent, je passais
la nuit à cette besogne fatigante et ennuyeuse,
dans les bureaux du vice-roi d'Italie. Pendant
ce travail, je fus convaincu du mal que peuvent
faire les journaux, sans le frein de la censure,
surtout en temps de guerre, en publiant les

marches, les mouvements de l'armée, les détails de l'organisation militaire. Par ces journaux nous étions bien renseignés sur tous les points. Le travail le plus fastidieux était de lire les lettres. J'étais obligé souvent d'en déchiffrer dix ou plus pour trouver quelque renseignement de valeur. Et combien y avait-il de lettres d'amants, de fiancés, pleines de tendres sentiments, de phrases exaltées, qui me rendaient furieux, car j'étais assis à ma table toute la nuit, à lire de telles lettres, et bien souvent après une journée de marche ou de combat! (Les mêmes inconvénients de la presse se firent remarquer pendant la campagne de Pologne de 1831 ; c'est par les journaux de Varsovie, que le feld-maréchal Dybitsch recevait chaque jour, qu'il fut informé de tout.)

Les places fortes de Spandau, Stettin, Glogau, Kustrin, Dantzig, Thorn, Modlin et Zamosc étaient encore occupées par des troupes françaises ou polonaises; les journaux nous donnaient des renseignements très exacts sur les garnisons de ces places.

Les généraux Sokolnicki et Klicki appartenaient à l'état-major du vice-roi, ainsi que deux maréchaux du mouvement général de Pologne *(pospolite ruszenie)*, MM. Stobicki et le préfet de Plock Rembielinski. Avec ces deux derniers se trouvaient quelques gendarmes polonais. Pendant la campagne de Russie, le général Sokolnicki était chargé d'interroger les prisonniers et d'en tirer des renseignements sur les mouvements de l'armée ennemie. Le général Klicki fit le même service dans le corps du viceroi d'Italie, et c'est grâce à sa connaissance de la langue russe que ce général sauva de la captivité les débris du corps du vice-roi et le prince Eugène lui-même. Klicki conduisit ce corps pendant la nuit à travers l'avant-garde russe et trompa l'ennemi en lui parlant en russe. S'il ne se fût pas trouvé avec le prince Eugène, le vice-roi et tout son corps auraient été obligés de mettre bas les armes le lendemain.

Le 1er avril, le vice-roi fit une reconnaissance de Magdebourg sur Mœckern ; il avait avec lui un régiment de chasseurs à cheval italiens, sous les ordres du général Pino, et une demi-batterie d'artillerie. Le vice-roi fit arrêter ce détachement, et lui-même, avec une dizaine d'officiers de son état-major et quelques chasseurs à cheval de la garde impériale, partit au galop vers un monticule d'où la vue s'étendait au loin. Nous galopions sur la grande route, bordée de fossés assez profonds et peu éloignée d'une forêt. Nous avions parcouru une bonne distance quand soudain une centaine de cosaques débouchèrent de la forêt et avec leur « Hurrah » nous attaquèrent. Nous tirâmes nos sabres et entourâmes le prince Eugène. Heureusement qu'un bon fossé nous séparait des cosaques, qui n'osaient pas tous sauter par-dessus. Néanmoins ils nous attaquèrent avec leurs lances et à coups de pistolet. Quelques chevaux furent blessés, et un fut tué. Celui-là portait un chasseur qui avait sur lui le portefeuille et la longue-vue du vice-roi; le cheval tomba sur son cavalier, le portefeuille fut projeté sur la chaussée.

Un officier de cosaques sauta le fossé et se jeta sur le vice-roi. Le général Klicki se mit en travers et se battit comme en duel avec cet officier; en même temps un cosaque cherchait à percer de sa lance le corps du général Klicki, quand le vice-roi, qui avait son pistolet à la main, tira et tua le cosaque. Nous nous défendîmes à coups de sabre contre ces audacieux, jusqu'à ce que le général Pino vint au grand galop à notre secours. Cet engagement ne dura que quelques minutes, mais si les cosaques avaient montré plus de vigueur, ils pouvaient nous percer tous avec leurs lances.

Je me rappelle les noms des officiers qui étaient avec le vice-roi dans cette affaire : les généraux Triaire, Gifflenga et Klicki, les aides de camp Cornero, Fontanelli, l'écuyer de la cour Méjan, Labaune et moi. J'ai oublié les noms des autres, mais il est bien certain que nous n'étions en tout qu'une dizaine de personnes.

Comme souvenir de cette affaire, le vice-roi commanda plus tard à un peintre deux tableaux que j'ai vus dans sa galerie de Munich. Le premier représentait le passage à travers les lignes russes du corps du vice-roi, si vaillamment conduit par le général Klicki. Sur l'autre, était représentée l'affaire que je viens de rapporter, et pendant laquelle le vice-roi sauva la vie au général Klicki. Le vice-roi fit faire une copie de ces deux tableaux pour les envoyer à Klicki. Si je ne me trompe, ils ont été reproduits par la gravure. Je me trouve sur le second, sabre au clair, mais sans figurer comme portrait; car les portraits représentés sont ceux du vice-roi, du général Klicki et des officiers qui se trouvaient auprès du prince Eugène à Munich, où il habita depuis 1814.

Depuis notre passage de l'Elbe jusqu'au 1er mai, nous fîmes plusieurs marches en Saxe. Je fus envoyé plusieurs fois sur les rives de l'Elbe, jusqu'au confluent de la Saale, et aux petites villes de Barbe et de Kalbe, tant pour voir si l'ennemi n'avait pas fait de préparatifs de passage sur ces deux cours d'eau, que pour rapporter des renseignements et des nouvelles.

Ainsi je me trouvais à l'endroit même où notre roi Boleslas donna ordre d'élever des colonnes de fer dont il ne reste que le souvenir historique.

A Barbe se trouvait une assez importante colonie de quakers, la colonie d'Heracules. Je pensais que ces gens-là avaient pu conserver quelques reliques, monnaies, médailles, armes anciennes, qu'ils auraient pu trouver sur les rives de l'Elbe. Mais je fus désappointé; c'étaient des colons arrivés depuis peu de temps et qui ne s'intéressaient qu'au commerce et à l'industrie. L'histoire et l'archéologie étaient lettre morte pour eux.

Nous nous mîmes en marche pour Leipzig à la fin du mois d'avril; en route, nous apprîmes que l'Empereur arrivait avec une grande armée. Le 1er mai, le vice-roi rencontrait l'empereur Napoléon devant Leipzig, à l'endroit même où fut tué Gustave-Adolphe et où s'élève son monument.

Leur rencontre fut extrêmement cordiale : l'Empereur, avec les mots les plus tendres, remercia son beau-fils de son courage, de son énergie, de sa prudence, qualités dont le prince Eugène avait donné les preuves, surtout pendant la retraite de Russie. L'Empereur, parlant à ses maréchaux, leur dit : « Nous tous avons fait des erreurs, Eugène, jamais. »

Notre armée acclamait l'Empereur avec enthousiasme. Nous ne l'avions pas vu depuis les premiers jours de décembre 1812. Napoléon, ne comptant pas livrer bataille ce jour même, donna au prince Eugène l'ordre d'occuper Leipzig, et partit lui-même pour Lützen et Regen.

Nous apprîmes à Leipzig la douloureuse nouvelle de la mort du maréchal Bessières, tué en faisant une reconnaissance avec les chevau-légers lanciers polonais de la garde impériale. Le même boulet tua le maréchal des logis Jordan, de ce régiment.

Il n'y avait à Leipzig qu'un petit détachement de cosaques, qui se retirèrent en voyant nos flanqueurs s'approcher.

Le vice-roi m'ordonna d'entrer à Leipzig avec l'avant-garde, d'aller immédiatement au bureau de poste et d'y saisir tous les journaux et les lettres.

Nous chargeâmes les cosaques en retraite qui tiraient sur nous. Je plaçai des soldats aux coins de rue, et entrai au bureau de poste, situé dans une rue très étroite.

On refusa d'ouvrir la porte, mais quand mes soldats commencèrent à l'enfoncer à coups de

crosse, elle s'ouvrit toute grande. Je me fis
remettre toutes les lettres et les journaux, ainsi
que des sacs pour les emporter : j'en remplis
un grand sac. Je rendis les lettres chargées d'argent, ainsi que les colis postaux, convaincu de
n'y trouver aucun renseignement militaire.

Plaçant ce sac sur le cheval de mon ordonnance, je retournai en grande hâte à l'état-major,
car les tirailleurs russes commençaient à attaquer notre avant-garde et le canon grondait du
côté de Lützen. Je rattrapai l'état-major du
prince Eugène en marche avec les troupes vers
le village de Kaja; l'Empereur, attaqué par
l'ennemi, avait donné l'ordre au vice-roi de
cesser ses attaques sur Leipzig et de marcher
sur Kaja, c'est-à-dire contre l'aile droite des
Prussiens.

L'Empereur avait eu raison de dire, au début
de cette bataille, que ce serait la même chose
qu'en Égypte, que l'infanterie et l'artillerie
seules auraient un rôle. Nous n'avions que très
peu de cavalerie, les chevau-légers lanciers, les
chasseurs, les dragons et les grenadiers à cheval
de la garde et le 10ᵉ régiment de hussards. Ce
ne fut que plus tard, pendant l'armistice, que
ces régiments s'augmentèrent d'escadrons auxiliaires venus de leurs dépôts; le régiment de
chevau-légers atteignit alors le chiffre de près

de 2,000 hommes. Le vice-roi n'avait dans son corps que la brigade de chasseurs à cheval italiens du général Pino, et cette brigade n'était pas complète.

Je ne donnerai pas de détails sur cette bataille, car je ne fus envoyé qu'une fois près de l'Empereur et parcourus au grand galop le champ de bataille.

Les villages de Gross-Gœrschen et de Klein-Gœrschen furent pris et repris plusieurs fois et brûlés. L'armée française, qui se composait, en dehors de la garde, presque entièrement de jeunes recrues de dix-huit à dix-neuf ans à peine, se battait courageusement, quoiqu'elle eût laissé en arrière beaucoup de traînards et de malades. L'armée prussienne fit également preuve de valeur, en particulier ses voltigeurs, avec leurs fusils de chasse, qui faisaient le service de tirailleurs. La cavalerie prussienne exécuta plusieurs charges sur nos carrés; mais, reçue par les feux de l'infanterie et de l'artillerie, elle se débanda et fut obligée de se retirer.

Les Russes se montraient en petit nombre, le gros de leur armée n'était pas encore arrivé. Ce furent surtout les Prussiens qui combattirent contre nous. L'action s'engagea à midi, et vers six heures du soir l'ennemi se décida à opérer sa retraite, en grand ordre.

Les Français ne firent que très peu de prisonniers, la cavalerie prussienne couvrait la retraite. Avant la nuit nous avions occupé toutes les anciennes positions de l'ennemi ; l'Empereur passa la nuit sur le terrain.

Le lendemain de la bataille de Lützen, l'Empereur envoya le général Sokolnicki à Cracovie au prince Joseph Poniatowski, pour lui porter la nouvelle de cette bataille et l'ordre de faire sa jonction avec l'armée française ; il lui indiquait la route que devait suivre l'armée polonaise, et on devait partout répandre la nouvelle de la grande bataille gagnée, de sorte que les Autrichiens apprissent cette nouvelle victoire de l'armée française.

Leipzig fut aussi occupé avant la nuit. Un jour après, nous étions en marche sur Dresde ; le vice-roi commandait l'avant-garde. Nous n'eûmes aucune rencontre sérieuse, mais aussi nul avantage, parce que l'ennemi ne se laissait pas rejoindre.

Le 8 mai, nous fîmes notre entrée à Dresde. Le grand pont était dans l'état où le maréchal Davoust l'avait laissé. Les Prussiens tiraient sur nous du côté de Neustadt, mais cette fusillade ne dura pas longtemps, car l'Empereur fit construire près de Friedrichstadt un pont sur lequel passa le corps du maréchal Macdonald, qui chassa l'ennemi et le poursuivit du côté de Bautzen. Quelques jours après notre arrivée à Dresde, le roi de Saxe fit son entrée dans la capitale, arrivant de Prague où il se cachait des Russes. L'Empereur vint au-devant de son ami Frédéric-Auguste et l'amena en grande pompe à sa résidence, au milieu des acclamations des Saxons.

Les troupes saxonnes, qui se réorganisaient, arrivèrent aussi en partie.

Le vice-roi habitait le palais de Moszynski. Quelques jours plus tard, il fit ses adieux à l'Empereur et partit pour Milan prendre le commandement de l'armée d'Italie.

Un officier polonais, Dowgiello, se trouvait aussi près de la personne du vice-roi; il avait fait toute la campagne de Russie dans son état-major. Le vice-roi lui offrit une tabatière comme souvenir.

Le général Monthyon, sous-chef d'état-major, prit son quartier dans le château royal; nous, officiers de l'état-major général, appartenions aussi à l'état-major de l'Empereur.

C'est à Dresde que je reçus ma nomination au grade de capitaine, datée du jour de la bataille de Lützen (1er mai 1813).

Le maréchal Macdonald et les autres généraux poursuivaient l'ennemi, mais de l'autre côté de l'Elbe les Prussiens montraient plus de résistance.

Pendant le combat de Bischofswerda, la ville fut presque entièrement brûlée. Je n'oublierai jamais cette nuit-là, pendant laquelle je fus envoyé porter des dépêches au maréchal Macdonald. Je partis seul, dans la nuit sombre et pluvieuse. A peu près une lieue avant Bischofswerda je suivais au grand trot la chaussée, au milieu d'une épaisse forêt. J'entendais distinctement les coups de fusil et le bruit du canon. Lorsque je fus en pleine forêt, j'aperçus la route jonchée de cadavres et de blessés. Ces derniers gémissaient, demandaient du secours ou suppliaient qu'on les achevât pour mettre fin à leurs souffrances... Il venait à mes oreilles des appels proférés en différentes langues, car il y avait là des Français, des Russes et des Prussiens.

Les caissons et les fourgons renversés, les chevaux blessés ou tués encombraient la route à un tel point qu'il me fut impossible d'avancer. Les reflets de l'incendie de Bischofswerda éclairaient le terrain au loin et indiquaient le chemin à suivre à travers la forêt; à chaque instant j'entendais le sifflement de balles venant du côté de la chaussée. Tirait-on sur moi par vengeance ou par désespoir? Je suivais en silence cette route pénible, en cherchant à avancer doucement, ce qui n'était pas facile; mon cheval, très nerveux, avait peur à chaque pas, j'étais obligé de le pousser à coups d'éperon. Plus j'entrais dans la forêt, plus les cris et les appels des blessés redoublaient : ces malheureux s'approchaient de moi; la chaussée en était couverte, les fossés où ils s'étaient traînés pour chercher un abri en étaient tellement emplis que je croyais voir remuer une masse humaine effroyable. Je les entendais appeler: « Camarade! Aide-moi!... Tue-moi!... Sauvez!... Pour l'amour de Dieu!... Je suis officier... Le sang me suffoque!... Kommen sie hier!... Helfen sie mir!... Helfen sie doch!... Posaluj!... Pomiluj!... Ubij!... »

Mais que pouvais-je faire? Comment les secourir?... Je gardais le silence... Et peut-être était-ce ce silence qui attirait sur moi les coups de ces désespérés...

Enfin je sortis de cette horrible forêt. Je trouvai le camp du maréchal Macdonald tellement éclairé par les lueurs de l'incendie qu'un moment je me crus en plein soleil.

Je signalai au maréchal l'horrible situation des blessés. Il la connaissait bien, mais il attendait le matin pour envoyer des médecins et des fourgons à ces malheureux. C'est ce qu'il fit en effet; car en revenant, de grand matin, je rencontrai les ambulances avec les blessés; dans la forêt je vis les chirurgiens à leur triste besogne. Comme d'habitude, les morts furent déshabillés par les paysans, et on les fit enterrer. Les blessés, à l'exception des officiers, ne furent pas transportés à Dresde; on établit pour eux un grand campement près de la villa « Findlater », où ces pauvres gens couchèrent sous des tentes ou des hangars.

Les troupes françaises, ausssitôt après leur arrivée à Dresde, furent passées en revue par l'Empereur et partirent par les ponts sur l'Elbe. Les corps de l'armée destinés à marcher sur Berlin prirent la route de Magdebourg et Wittemberg.

En même temps, l'ennemi s'arrêtait devant Bautzen et s'y retranchait dans l'attente d'une bataille. Des forces assez importantes de cosaques et les partisans prussiens étaient restés sur la rive gauche de l'Elbe et attaquaient nos petits détachements, les convois, les transports de munitions, les blessés et aussi les colonnes de prisonniers que nous ramenions en France. Ces détachements ennemis nous causaient beaucoup de pertes et souvent sans qu'on pût les châtier de leur audace.

Le 18 mai, l'Empereur quitta Dresde pour aller prendre ses quartiers à Bautzen; l'armée campa à une lieue de la ville, entre Klein-Bautzen et la montagne, sur la frontière de Bohême.

Le lendemain, l'Empereur arriva au camp de l'armée et la mit en mouvement. Des officiers du génie envoyés en reconnaissance firent un rapport où ils indiquèrent à l'Empereur que l'armée prussienne s'était établie sur le même terrain qu'autrefois l'armée du Grand Frédéric. « C'est vrai, dit l'Empereur, mais aujourd'hui il n'y a pas là Frédéric le Grand. »

La veille de cette journée, j'avais rempli, ainsi que mes camarades, quelques missions auprès des maréchaux Oudinot et Ney. Le premier était avec son corps derrière la montagne; l'autre, à côté d'Hoyerswerda.

La bataille sanglante commença le 21. Un feu nourri d'artillerie grondait sur toute la ligne. Les batteries ennemies s'étaient retranchées; l'artillerie française prit position vis-à-vis d'elles, et une pluie d'obus et de boulets s'abattit sur les deux lignes.

A droite de la montagne, le maréchal Oudinot s'avançait lentement, couvert par le feu de ses tirailleurs, à l'abri d'une grande forêt. L'infanterie ne prit pas une grande part à ce combat, pas plus que notre cavalerie, qui était devenue plus nombreuse. La cavalerie de la garde, commandée par le général Walther, s'était surtout augmentée au moyen de renforts en hommes et chevaux venus de France.

Je traversai plusieurs fois le champ de bataille, porteur d'ordres verbaux ou de dépêches écrites.

Jusqu'à deux heures de l'après-midi la bataille resta indécise, les deux adversaires conservant toujours leurs positions. L'Empereur s'était placé sur une éminence, entouré de son nombreux état-major, au milieu duquel je me plaçai aussi. Il regardait constamment avec inquiétude vers notre aile gauche. Plusieurs fois il demanda sa longue-vue, et l'appuyant sur l'épaule d'un de ses officiers d'ordonnance, examina assez longuement l'horizon. Tout à coup il dit avec une vraie satisfaction :

« Voilà le maréchal Ney qui débouche! » En même temps nous aperçûmes tous au loin un point qui grandissait, étincelant de baïonnettes, s'avançant dans notre direction.

Lorsque l'Empereur fut sûr de l'approche du maréchal Ney, il donna toute son attention aux mouvements de l'ennemi, et s'apercevant qu'une masse d'infanterie, avec de l'artillerie et de la cavalerie, débouchait du centre et se portait à la rencontre du maréchal Ney, qui menaçait leur aile droite, il se tourna vers le général Drouot : « Drouot, partez et mettez-moi les quatre-vingts pièces d'artillerie de la garde ici. »

Le général partit chercher l'artillerie de réserve, qui se trouvait derrière une hauteur peu éloignée, revint bientôt avec ces pièces et prit la position indiquée par l'Empereur, à cinq cents pas environ de l'artillerie ennemie.

L'arrivée de ces quatre-vingts canons traversant les champs au grand galop faisait trembler la terre. A peine les pièces en position, elles ouvrent le feu et criblent d'obus et de mitraille les batteries ennemies et l'infanterie massée derrière elles. Nous entendons au même moment gronder les canons du maréchal Ney. On voit paraître un flottement sur la ligne ennemie et même un certain désordre à cette attaque inattendue.

L'Empereur donne l'ordre de faire avancer tout notre front. Les colonnes d'infanterie se portent en avant, soutenues par l'artillerie ; mais l'ennemi, sans les attendre, commence à se replier en bon ordre. Voyant ce mouvement rétrograde, l'Empereur ordonne à une partie de la cavalerie de commencer la poursuite. Malheureusement il en envoya trop peu, il voulut trop l'économiser.

La bataille de Bautzen, comme celle de Lützen, ne nous donna que l'avantage de rester maîtres du champ de bataille et de voir l'ennemi faire sa retraite ; mais nous n'enlevâmes pas de canons et ne fîmes pas de prisonniers.

CHAPITRE III

Napoléon s'arrêta à l'endroit même où le roi
de Prusse et l'empereur Alexandre s'étaient
tenus pendant la bataille : c'était une bonne
ferme nommée Neu-Burschmitz, mais les bâtiments avaient été brûlés par les boulets et les
obus français et il n'en restait que les murs.
L'Empereur fit dressser sa tente tout près de
cette ferme; la garde impériale, formant un
grand carré, campa tout autour. Non loin de la

tente impériale, les officiers d'état-major et les aides de camp se reposaient autour de feux allumés. A quelques pas de la tente de l'Empereur se dressait celle du prince Berthier. Je me couchai par terre, en tenant mon cheval par la bride, après avoir trouvé un peu de foin pour sa nourriture, car depuis le matin, ni moi ni mon cheval n'avions rien mangé. J'étais à peine endormi depuis quelques minutes, quand le général Monthyon vint m'appeler et tout aussitôt me conduisit chez l'Empereur. La tente impériale, en toile à raies bleues et blanches, autant que je puis me rappeler, était divisée en deux : au milieu était une pièce formant la chambre, entourée d'un couloir dans lequel couchaient pendant la nuit le premier valet de chambre de l'Empereur, Constant, le mameluk Roustan et quelquefois un des officiers d'ordonnance. Devant la tente, deux grenadiers étaient en sentinelle. Quand l'Empereur établissait son quartier dans une maison, il y avait deux cavaliers en faction ; mais au bivouac il n'y avait que deux factionnaires à pied.

Dans la première pièce en entrant dans la tente, on voyait au milieu une grande table sur laquelle étaient étalées des cartes, piquées d'épingles à têtes rouges et noires, pour marquer et distinguer facilement les emplacements des troupes. A côté de cette table, une autre était destinée aux secrétaires et employés de l'Empereur. A ce moment, c'étaient MM. le baron Fain, Mounier, Bacler d'Albe, Fleury, Saint-Denis, Athalin, Lelorgne d'Ideville et Jouanne-Prévost.

L'Empereur, en robe de chambre de piqué blanc et la tête enveloppée d'un foulard, se promenait dans sa tente. Au fond, c'est-à-dire dans la chambre intérieure dont le sol était couvert de tapis, on pouvait voir un lit de fer, avec ses draps, car l'Empereur venait de se lever au moment où j'arrivais. Ce lit était séparé de la chambre par un rideau blanc.

Lorsque, conduit par le général Monthyon, j'entrai dans la tente, l'Empereur, qui ne m'avait vu que rarement et me connaissait à peine, m'interrogea :

« — Vous êtes Polonais ?

— Oui, Sire, répondis-je.

— Portez ces dépêches au prince Poniatowski : vous le trouverez en route entre Cracovie et Prague. Étiez-vous présent à la bataille ?

— Oui, Sire.

— Eh bien, vous saurez en raconter les détails. »

Je me permis de demander à l'Empereur :

« — Sire, quel nom voulez-vous donner à cette bataille ? »

Napoléon réfléchit un peu, et me dit :

« — On l'appellera Hochkirch ! »

(Le village d'Hochkirch, près duquel Frédéric le Grand perdit une grande bataille le 14 octobre 1758, n'était éloigné du bivouac de l'Empereur que d'une heure à peine. Nous apercevions le clocher de l'église.)

Après un moment de silence, l'Empereur m'adressa de nouveau la parole :

— « Vous m'apporterez, dit-il, tous les états du corps d'armée du prince ; vous verrez la cavalerie, en particulier celle que le prince a dû organiser avec les « konia (1) » du pays. Vous remettrez cette lettre de ma part à S. M. le roi de Saxe, en passant par Dresde, et cette autre au général Durosnel. Vous direz partout sur votre passage quelle a été l'issue de la bataille. Partez et faites-vous déléguer. »

Les secrétaires de l'Empereur me remirent trois plis. M. Saint-Denis m'accompagna à la sortie et me conduisit à la tente du prince Berthier, où on me remit mes frais de route, à raison de huit francs par lieue allemande, aller et retour. Cette somme n'était qu'un acompte, car

(1) Chevaux de petite taille de la Pologne.

nous donnions au retour le montant de nos dépenses. Ce soi-disant acompte était généralement suffisant, sans être exagéré.

Le prince Berthier travaillait à son bureau, et le général Monthyon me donna mon passeport, ou pour mieux dire l'ordre par lequel l'Empereur m'envoyait en mission.

Je sautai à cheval et fus bientôt à Bautzen, où mes domestiques étaient restés avec mes autres chevaux. Après avoir confié tout ce qui m'appartenait à mon camarade Roman Soltyk, je pris une voiture de poste et partis pour Dresde.

J'arrivai à Dresde le 22 mai à cinq heures du matin et m'arrêtai devant le palais royal : je me rendis aussitôt au salon de service, où je trouvai le général Turno, aide de camp du roi, qui était de service. Le général Turno, qui avait reçu plusieurs blessures au passage de la Bérézina, mourut deux ans plus tard ; à mon arrivée en Saxe, il était attaché au roi de Saxe, ainsi que le général Bleszinski, représentant l'armée polonaise auprès du roi.

Lorsque le premier de ces généraux apprit mon arrivée, il alla réveiller le valet de chambre du roi et, l'accompagnant, se rendit avec la lettre que j'apportais dans la chambre à coucher du souverain. Quelques instants après, le roi

Frédéric-Auguste entra dans la pièce où j'étais; il portait comme l'Empereur une robe de chambre de piqué blanc, des pantoufles et un bonnet de nuit en coton blanc. Il traînait la jambe et me parut bien fatigué.

Le roi, tenant à la main la lettre de l'Empereur, s'adressa à moi en français :

« — L'Empereur se porte bien?

— Oui, Sire.

— L'ennemi est donc en pleine retraite?

— Oui, Sire.

— Vous ne savez pas si mes troupes ont donné et souffert?

— Je l'ignore, Sire. »

On pouvait lire sur la figure du roi l'inquiétude que lui donnait le sort de ses troupes; il ne faut pas oublier que peu auparavant, quand le général saxon Thielmann, commandant de Troppau, fit défection, cette trahison avait causé beaucoup de chagrin au roi. Après son entretien avec moi, le roi demanda au général Turno si je n'étais pas Polonais, et sur sa réponse affirmative, il me demanda mon nom. En me l'entendant prononcer, le roi le reconnut et parla de quelques personnes de ma famille; il me dit en terminant : « Je vous donnerai des lettres pour le prince Poniatowski, » et se retirant dans ses appartements, s'adressa une dernière fois à moi pour me dire en langue polonaise bien pure :

« Jedz Pan z Bogiem, szczesliwie! » (1). Après avoir salué profondément le roi, je demandai au général Turno de vouloir bien me procurer ces lettres le plus tôt possible, car il fallait que je repartisse sans retard. Une demi-heure après, les lettres m'étaient remises.

Lorsque ma mission au palais royal fut terminée, j'allai directement chez le général Durosnel, gouverneur de Dresde, qui avait son quartier dans la rue « Sieggasse ». Là, comme au palais, je fus obligé de réveiller les aides de camp. Je n'attendis par longtemps et le général Durosnel entra. C'était un homme aimable et très estimé. Je remarquai qu'il avait perdu le bras gauche : on me dit qu'il l'avait laissé à Wagram.

Après avoir vu le général Durosnel, je commençai mes récits de la bataille, avec une exagération voulue et en mentant comme un bulletin. Le proverbe « mentir comme un bulletin » avait déjà cours partout. Sans hésitation je parlais de dix mille prisonniers, cent canons enlevés, trente étendards pris, etc., tout cela en chiffres ronds. Peu m'importait qu'on me crût ou non!... Si j'avais donné des chiffres

(1) Que Dieu vous conduise heureusement!

plus modestes, m'aurait-on cru davantage?

Après un bon déjeuner chez le général Durosnel, je remontai dans ma voiture de poste. En traversant les rues, j'apercevais déjà les placards affichés sur les murs et annonçant la nouvelle de la victoire de Hochkirch, apportée par un officier d'état-major. Le nombre des prisonniers, des canons, des étendards pris (par moi) était également mentionné sur ces placards.

Bientôt Dresde disparaissait de mes yeux et je courais en toute hâte vers la frontière de Bohême.

Lorsque je m'arrêtai à Tœplitz, mon passeport fut l'objet d'un examen sérieux, mais je ne fus pas inquiété pour passer la frontière. Je rencontrai à Tœplitz le woïvode Dzialinski avec sa famille, y compris son dernier fils, Titus, encore bien jeune; la volonté de ses parents l'avait seule empêché d'entrer dans l'armée, et je remarquai de quel œil d'envie il me regardait, car je n'avais moi-même que vingt-deux ans.

Chemin faisant, je composai en moi-même le « bulletin » de cette grande bataille de Hochkirch, de manière que je pus raconter sans hésitation, comme si je les lisais dans un livre, les détails de cette grande victoire, en prévoyant les résultats qu'amènerait cette nouvelle.

A mon arrivée à Prague devant le bureau de poste, j'appris la présence du général Kossakowski. Je lui rendis visite : il était dans son lit, avec une jambe cassée à la suite d'une chute de cheval.

Le général Kossakowski et le prince Alexandre Sapieha avaient été aides de camp de l'empereur Napoléon et attachés à son état-major pendant la campagne de Russie. A ce moment le prince Sapieha était mort.

Comme le général Kossakowski appartenait à l'état-major, je lui fis le récit de la bataille, mais le vrai. Je le connaissais bien ; c'était un excellent homme, très estimé ; il collectionnait avec passion les reliques historiques. J'aurai encore à parler de lui.

Profitant de l'hospitalité du général, j'acceptai un bon repas, et après lui avoir serré la main je descendis pour continuer ma route. En entrant dans la cour, je vois ma voiture entourée d'officiers autrichiens qui avaient appris que j'arrivais de l'armée française et désiraient avoir des nouvelles. L'un d'eux me demande poliment d'où je viens, et quelles nouvelles je puis communiquer. Je profite de l'occasion et je leur raconte « mon bulletin », qui amène sur leurs visages l'expression d'une profonde tristesse.

La bataille de Lützen et l'occupation de Dresde avaient déjà causé beaucoup de chagrin aux Autrichiens, déjà furieux contre Napoléon, et maintenant arrivait mon « bulletin » ! Ils m'écoutaient en silence, hochant tristement la tête, avec quelques exclamations « Ach so... » ou « ja, ja... » entremêlées de soupirs. Mais un officier supérieur, voulant remonter un peu leurs esprits abattus, et réveiller leur courage, leur dit : « Meine Herren ! ich halte das noch für französiche Mundfeichtschrein ! Es ist nicht zu glauben (1) ! »

A ces mots, je me jette sur la banquette de ma voiture, en leur disant sèchement :

« Meine Herren ! Nun habe ich keine Zeit mit Ihnen zu discutiren (2), » et je me mets en route... au milieu de leurs souhaits : « Glückliche Reise ! (3) »

Je ne m'arrêtai qu'à Brünn, où je voulus apprendre sur quelle route marchait le corps polonais. Je savais que le prince Poniatowski devait passer par Brünn, car son intention était de rejoindre l'armée française en Saxe, et par con-

____

(1) « Messieurs, je tiens tout cela pour une hâblerie française ! Il n'en faut rien croire ! »

(2) « Messieurs, je n'ai pas le temps de discuter avec vous maintenant. »

(3) « Bon voyage ! »

séquent, venant de Cracovie, il devait traverser
Prague et Tœplitz. Au bureau de poste, on me
répondit que le corps polonais était bien attendu,
mais qu'on ne savait quand il arriverait, et on
me conseilla d'aller au-devant de lui par Austerlitz et Weisskirchen.

J'arrivai à Austerlitz le 25 mai vers minuit.
Au carrefour de ce village, je remarquai devant
une maison assez grande une voiture et un
fourgon, avec deux soldats en sentinelle. Je
m'arrête et leur demande qui loge dans cette
maison ; les deux soldats me répondent en polonais :

« Xiaze Jo'zef Poniatowski. »

Heureux de cette réponse, je me précipite
dans la maison, traverse le couloir, et en un
saut j'arrive au premier. Dans la première
chambre je trouve Kicki et Skorzewski, aides de
camp du prince, couchés sur des matelas. Je
les réveille et annonce de suite ma mission. Le
prince Joseph est informé de mon arrivée ; on
m'introduit à l'instant dans une pièce voisine,
où je le trouve au lit, très content de ma visite.
Je lui remets mes dépêches et lui fais la relation, la vraie, de la bataille ; je réponds à ses
questions, et il me remet aux soins de son aide
de camp Skorzewski, mon ami d'enfance.

Le lendemain, j'eus avec le prince une longue

conversation, dans laquelle je pus l'informer des détails que l'Empereur m'avait ordonné de lui expliquer, et lui donner des nouvelles sur les mouvements de l'armée, son état, ses marches, etc.

Pendant cette conversation, le premier détachement du corps polonais arriva à Austerlitz, sous le commandement du colonel Kurnatowski. Le prince Poniatowski avait déjà fait annoncer à son corps la victoire française ainsi que les résultats qu'on pouvait attendre de ce succès. L'armée polonaise traversait Austerlitz aux cris de « Niech z'y je Cesarz (1) ! »

Il faut que je mentionne ici que, lorsque le prince Poniatowski fut forcé de se retirer devant les colonnes russes de Varsovie à Cracovie, il réunit à son corps tout ce qu'il put rassembler des débris de l'armée polonaise. Il les réorganisa avec soin à Cracovie et put ainsi augmenter notablement son corps d'armée. C'est à Cracovie également qu'il forma un nouveau régiment de cavalerie, composé seulement d'habitants de Cracovie et des environs, et qu'on nomma les « Krakus ».

Ces cavaliers montaient de petits chevaux de paysans et étaient eux-mêmes de petite taille,

(1) « Vive l'Empereur ! »

mais forts, adroits, pleins d'entrain et de courage, comme on le vit plus tard. Ce régiment comptait plus de mille chevaux et était commandé par le colonel Oborski.

Le corps polonais comprenait en totalité à ce moment près de 15,000 hommes, dont la moitié en cavalerie.

Le prince Poniatowski, qui était resté à Cracovie avec son armée depuis le mois de décembre 1812 jusqu'au mois d'avril 1813, avait reçu par plusieurs intermédiaires des propositions pour quitter les Français et passer avec son corps du côté des Russes. L'empereur de Russie Alexandre avait formé depuis longtemps le projet de reconstituer le royaume de Pologne (il y a réussi en 1815), et désirait beaucoup avoir le prince Poniatowski à ses côtés.

Pendant ce temps l'armée autrichienne enveloppait Cracovie et surveillait les mouvements de nos troupes dans la ville et les environs. Il n'est pas difficile de deviner ce qui fût arrivé si Napoléon avait été battu à Lützen; les Autrichiens eussent sûrement forcé le prince Poniatowski à capituler. Mais lorsque le général Solnicki apporta à Cracovie la nouvelle de la victoire de Lützen, les Autrichiens ne s'opposèrent plus à la marche du corps polonais à travers la Bohême et conclurent une convention avec le prince. Cette convention contenait des clauses bien dures et bien humiliantes. Le corps polonais devait être partagé en trois fractions à peu près égales ; les soldats devaient marcher désarmés, leurs armes les suivant dans des voitures ; chaque détachement devait marcher à un jour de distance du précédent ; enfin chaque détachement polonais devait être suivi de quelques milliers de soldats autrichiens, pour séparer les fractions polonaises. Cette armée autrichienne était sous les ordres du prince Lichtenstein, qui devait rester avec le prince Poniatowski.

C'est de cette manière que l'armée polonaise quitta Cracovie.

En signant la convention, le chef de l'armée polonaise avait réussi à obtenir une concession assez importante, celle de laisser leurs fusils aux sergents et aux caporaux. Aussi, pour tirer le plus de profit possible de cette concession, augmenta-t-on tellement le nombre de caporaux que la moitié environ de l'infanterie marchait l'arme au bras. Dès mon arrivée à Austerlitz, et sans autre convention, nos soldats reprirent leurs fusils dans les voitures et marchèrent en armes. Les Autrichiens ne s'opposèrent pas à cette violation de la convention ; les victoires françaises leur en imposaient, et ils ignoraient encore si leur gouvernement voulait marcher pour ou contre les Français.

On resserra les détachements, en maintenant une discipline rigoureuse, pour éviter la vengeance des Autrichiens.

Je reviens maintenant à mon séjour à Austerlitz.

Le prince Lichtenstein, quelques-uns de ses aides de camp et quelques généraux polonais, invités à dîner par le prince Poniatowski, arrivèrent à midi à son quartier. J'eus l'honneur d'être compris parmi les convives. Je fus très modeste dans ma conversation ; mais pour les Autrichiens, je parlai des victoires de l'armée française et de leurs résultats. Le prince Lichtenstein affectait d'en être très content et admirait hautement le génie de Napoléon. Aussitôt le prince Poniatowski proposa de boire à la santé de l'Empereur, et les verres furent vidés au son des salves de l'artillerie polonaise placée près du village d'Austerlitz. Les Autrichiens, bon gré mal gré, furent obligés de boire avec nous et de crier « Vive l'Empereur ! », pendant que les troupes polonaises, rangées en ordre sur la place, poussaient leurs « Hurrah » et acclamaient l'Empereur.

Ainsi finit cette journée mémorable pour notre armée ; les Polonais avaient bien raison de se réjouir, car l'armée autrichienne qui les entourait leur avait laissé bien peu d'espoir de rejoindre l'armée française. De ce moment, toute l'armée polonaise marcha en armes, et les Autrichiens, au lieu d'être intercalés entre nos détachements, marchèrent tous derrière nous.

Le prince Poniatowski changea son itinéraire et, au lieu de passer par Prague, prit le chemin de Zittau pour aller en Saxe, en exécution des ordres de l'Empereur que je lui avais apportés.

Après avoir pris les lettres du prince pour l'Empereur et le roi de Saxe, ainsi que les états et renseignements détaillés demandés par l'Empereur, je me mis en route pour le retour : le prince Poniatowski me prit avec lui dans sa voiture jusqu'à Brünn pour me présenter lui-même à l'archiduc Ferdinand, le même qui avait été battu par le prince en 1809, avec un corps de 40,000 hommes contre à peine 10,000 Polonais, et forcé de se retirer en Gallicie.

L'archiduc reçut immédiatement le prince Joseph, et un instant après je fus appelé dans le salon. Présenté par le prince, je récitai comme une litanie tous les incidents de la bataille, que je n'oubliai pas d'appeler bataille d'Hochkirch, comme l'avait voulu l'Empereur.

Plus tard on l'appela bataille de Bautzen, mais tout ce que je raconte est l'exacte vérité.

L'archiduc Ferdinand parlait très peu et avec froideur; il congédia le prince Poniatowski avec beaucoup de politesse, en l'invitant à dîner pour le lendemain.

Pour moi, après avoir salué le prince Poniatowski, je pris congé de lui et, avec mes dépêches, repartis pour Dresde le même jour et par le même chemin, par Prague et Tœplitz.

En arrivant à Dresde, je ne retrouvai pas mes officiers autrichiens, quoique j'eusse parcouru la grande place où l'on passait justement une revue, et qu'on pût facilement reconnaître à mon uniforme que j'appartenais à l'armée française.

Non seulement j'avais appris par le prince Poniatowski les armements et les préparatifs des Autrichiens, mais je pus les voir de mes propres yeux : je rencontrai pendant mon voyage beaucoup de troupes, d'artillerie et de fourgons, en marche vers Prague et la frontière de Saxe.

Le prince avait reçu les preuves les plus exactes et les plus authentiques des intentions de l'Autriche d'ouvrir les hostilités contre la France; il avait reçu des lettres de membres de sa famille et d'amis lui annonçant que la guerre était imminente. Les généraux et les officiers supérieurs autrichiens ne cachaient pas leurs projets et disaient publiquement que le temps était venu de secouer le joug de Napoléon et de rejeter les Français derrière le Rhin.

Le prince Poniatowski m'avait confié tous ces renseignements, en m'ordonnant d'en informer l'Empereur.

Je ne m'arrêtai à Dresde que le temps de remettre les lettres du prince Joseph au roi de Saxe; je ne demandai pas d'audience, n'ayant pas reçu l'ordre de le faire, et je repartis aussitôt. Dans cette ville, j'avais eu le temps d'apprendre les préparatifs de l'armistice (qui fut signé à Pleiswitz) demandé par les Russes et les Prussiens, et accordé par l'Empereur. Cette nouvelle me chagrina beaucoup, car j'avais espéré pouvoir retourner bientôt dans mon pays, surtout au moment où j'avais appris que l'avant-garde française se trouvait aux environs de Breslau.

Je pris la route de Breslau, en traversant les champs de bataille de Bautzen et de Reichenbach. C'est après mon départ de Bautzen qu'avait eu lieu ce combat sanglant. C'est là que, pour la première fois depuis la retraite de Russie, la cavalerie française combattit les cavaleries prussienne et russe. Le général Walther commanda la cavalerie française, mais sans beaucoup de succès. Mes camarades, témoins oculaires de cet engagement, m'assurèrent que s'il n'y eût pas eu là le régiment de chevau-légers lanciers polonais de la garde, qui exécuta plusieurs charges, cette première rencontre de notre cavalerie avec l'ennemi eût tourné bien mal. Les chefs d'escadrons Chlapowski et Fredro se firent remarquer par leur valeur.

Le soir même de cette bataille (22 mai), le grand maréchal Duroc et le général Kirgener furent tués à Markensdorf.

Je trouvai l'Empereur à Liegnitz, où j'arrivai le 3 juin à midi, après avoir échappé deux fois aux Prussiens, qui se cachaient dans les bois et attaquaient nos convois sur les routes, brû-lant les fourgons et pillant tout ce qu'ils pou-vaient prendre.

Je remis mes dépêches au prince Berthier : il les prit et me dit d'aller me reposer. Je retrouvai mes domestiques et mes chevaux au campement de mes camarades.

Je venais à peine de me déshabiller et je commençais à m'endormir, quand un ordon-nance se précipite dans ma chambre pour me dire de me présenter immédiatement chez l'Empereur.

Je me rhabille en toute hâte et me fais annoncer. Voici ma conversation avec l'Empereur, j'en ai pris note aussi exactement que j'ai pu en revenant :

— « Vous vous êtes fait déléguer? C'est bien. Par où êtes-vous passé?

— Par Tœplitz, Prague, Brünn,... Sire. J'ai rencontré le prince à Austerlitz.

— Oui. Eh bien! Il était content?

— Assurément, Sire, ravi. Le premier détachement de son corps d'armée a traversé le village le matin; le second l'a suivi un peu plus tard, et le prince les a fait manœuvrer sur le champ de bataille d'Austerlitz. On a mille fois répété : « Vive l'Empereur! »

— Oui, c'est fort à propos, c'est bien trouvé... »

Je racontai aussi à l'Empereur l'histoire du dîner chez le prince Poniatowski, le prince Lichtenstein, ses aides de camp et les officiers autrichiens au milieu des convives, forcés de boire à la santé de l'Empereur pendant que nos canons tonnaient, etc. (Quant à mon récit des manœuvres des troupes polonaises sur le champ de bataille d'Austerlitz, j'avoue que je l'ai inventé... Mais l'Empereur ne l'oublia pas, et plus tard lorsqu'il rencontra le prince Poniatowski à Dresde il lui en fit beaucoup d'éloges. Je parlerai plus tard de cette rencontre.)

L'Empereur m'écoutait; brusquement il m'interrompit :

« Dites-moi ce que c'est qu'un krak... » et, regardant le rapport du prince Poniatowski, « un krakus », comme les appelle le prince. »

En réponse à cette question, j'expliquai à l'Empereur quel était l'habillement, l'armement de cette cavalerie, quel genre de chevaux elle montait.

« Ah! ce sont des « konias ». J'en ai toujours désiré. C'est excellent! Il m'en aurait fallu dix mille en Russie à opposer aux cosaques! Notre cavalerie est trop lourde contre les cosaques... »

J'expliquai aussi à l'Empereur que ces cavaliers se jettent de tous côtés comme des tirailleurs, que les ordres sont transmis par un simple signal de trompette ou au moyen d'un mouchoir blanc agité par leurs chefs, qu'ils peuvent charger au galop en partant de pied ferme, etc.

L'Empereur m'écoutait et paraissait content, il se promenait dans sa chambre, les bras croisés derrière le dos; sur la table, sa tabatière était ouverte, il y puisait en passant et prisait, ou, pour mieux dire, jetait le tabac par terre.

Il avait une habitude assez désagréable pour ceux qui lui parlaient : quand il écoutait un rapport ou un récit, il disait bien haut de temps en temps : « Hem ! » Il arrivait quelquefois à l'interlocuteur de penser que l'Empereur n'avait pas bien compris, mais s'il recommençait, Napoléon l'interrompait avec impatience, en disant : « Ah ! je comprends bien, continuez !... » Après avoir fait la relation de tout ce que je savais sur l'armée polonaise, sur les officiers autrichiens auxquels j'avais parlé à Prague, je parlai des armements de l'Autriche, des projets de vengeance des Autrichiens, de leur hostilité contre les Français, etc. Je ne crois rien avoir oublié... L'Empereur me laissait parler ; quelquefois il me fixait de son regard pénétrant, mais bienveillant, et quand j'eus terminé, il me dit : « Oui, je sais cela ! Quelles troupes avez-vous rencontrées? Avez-vous vu des troupes entre Prague et Tœplitz? Quelles troupes y avait-il à Brünn? »

Quand j'eus répondu, l'Empereur réfléchit un instant en prisant. J'attendais qu'il me congédiât. Enfin, me regardant un instant, il termina la conversation par ces mots :

« — C'est bien, je suis content de vous. Allez vous reposer ! Quel âge avez-vous?

— Vingt-deux ans, Sire.

— C'est bien jeune ! »

A ces derniers mots l'Empereur me fit signe ; je sortis du salon. C'est ainsi que finit cet entretien, pendant lequel je restai plus d'une demi-heure en tête-à-tête avec Napoléon, il n'y avait personne dans le salon voisin.

L'Empereur était avare de compliments; lorsqu'il disait : « C'est bien, je suis content de vous! » c'était beaucoup. Il n'était pas moins regardant lorsqu'il distribuait des croix, soit par exception sur le champ de bataille, soit généralement après la bataille.

Il examinait scrupuleusement les noms de ceux qui étaient sur les listes de proposition pour la Légion d'honneur, et à côté de chaque nom, il inscrivait de sa propre main les annotations : « ... Accordé... A quel titre?... Combien de blessures?... Plus tard... à la première bataille, s'il y a lieu. »

CHAPITRE IV

L'Empereur séjourna encore quelques jours à Liegnitz et s'y occupa de ce malheureux armistice du 4 juin. Plus tard, à Sainte-Hélène, il rappelait souvent que cet armistice avait été une des plus grandes erreurs qu'il eût commises.

On ne me laissa pas longtemps en repos, et je fus envoyé porter des dépêches au maréchal Ney à Breslau. Cette ville tremblait de peur lorsque le maréchal y fit son entrée le 1ᵉʳ juin; les habitants quittaient la Silésie et s'enfuyaient

au delà de l'Oder. Tout le monde était convaincu que l'armée française irait encore plus
loin, et que les provinces polonaises s'insurge-
raient et menaceraient les arrière-gardes russes :
en effet, les places fortes de Dantzig, Thorn,
Modlin et Zamosc, occupées par des garnisons
polonaises, pouvaient favoriser l'insurrection
des Polonais en leur distribuant des armes.

A mon retour de Breslau à Leignitz, j'appris
que l'armistice avait été signé à Pleiswitz.

Les troupes françaises quittaient Breslau et
le maréchal Ney se retirait à Liegnitz. Le 10 juin,
l'Empereur rentrait à Dresde.

Une des plus importantes concessions faites
à Napoléon dans cet armistice fut que les forteresses entre la Vistule et l'Oder, occupées par
des troupes françaises, pouvaient être réappro-
visionnées et que des officiers pourraient y être
envoyés avec des ordres. L'Empereur voulut
envoyer des officiers polonais à Dantzig, Thorn,
Modlin et Zamosc ; les ordres étaient déjà pré-
parés pour nous les remettre, mais les Prussiens
s'opposèrent à notre départ et on envoya à
notre place des officiers français.

L'armée française prit ses quartiers en Saxe,
en Silésie et sur l'Elbe. Les maréchaux Oudinot
et Marmont, qui n'étaient pas loin de Berlin,
furent obligés de rétrograder.

L'Empereur établit son quartier dans le palais du prince Marcolini, dans le faubourg de Friedrichstadt : cette propriété comprenait un beau jardin et une grande prairie appelée « Osterwiese », où les troupes pouvaient faire l'exercice ; l'Empereur décida de les y passer en revue tous les jours.

Du 10 juin, c'est-à-dire depuis notre retour à Dresde, jusqu'au 10 août, de nouvelles troupes françaises arrivaient quotidiennement. Le détachement de l'armée polonaise, sous le commandement du général Dombrowski, s'organisait à Wetzlar, mais je n'eus pas la chance de rencontrer ces troupes.

Le général Dombrowski et ses troupes prirent part avec distinction aux combats suivants : Zeltau, Gross Beeren et Juterbogk. Pendant la bataille de Leipzig, ces mêmes troupes défendirent courageusement le faubourg de Halle. François Mycialski, mon bon ami, servait dans ce détachement ; il fut tué plus tard à Rajgrod.

La légion de la Vistule s'organisait en même temps à Loden, où elle avait son dépôt. Je ne vis pas cette troupe à ce moment, je ne la rencontrai que plus tard pendant la campagne de France.

L'armée se reposa longuement à Dresde, mais non nous autres, officiers d'état-major, car à chaque instant on nous envoyait en mission.

Pendant ce temps Napoléon, qui avait encore confiance dans l'Autriche et espérait conclure la paix, concentrait ses forces sur l'Elbe et renforçait les corps de première ligne.

Nous recevions beaucoup de renforts de France, surtout en cavalerie, mais ces troupes étaient de jeunes recrues, peu aptes à supporter les rudes fatigues de la guerre. Parmi ces nouvelles troupes, on remarquait les quatre régiments de gardes d'honneur. C'étaient de soi-disant volontaires, fils de riches familles françaises, surtout des habitants des villes. On évaluait la force de ces quatre régiments à huit ou dix mille chevaux. Les gardes d'honneur portaient de très beaux uniformes et montaient de très beaux chevaux; malheureusement ces jeunes et médiocres cavaliers pouvaient à peine se tenir sur leurs montures.

L'Empereur confia ces jeunes soldats aux chefs des régiments de cavalerie de la garde, de sorte que chaque régiment, chasseurs, dragons, grenadiers et chevau-légers, reçut un régiment de gardes d'honneur. Napoléon pensait, en donnant cet ordre, que les vieux cavaliers réussiraient à faire de bons soldats de leurs jeunes camarades; le temps manqua malheureusement pour arriver à ce résultat. La cavalerie ne peut s'improviser si vite. Si l'Empereur eût laissé en France ces jeunes cavaliers, il les eût trouvés en bon état après avoir repassé le Rhin ; mais leur arrivée prématurée en Saxe en fit périr la moitié.

La vieille garde appelait ces jeunes cavaliers « gardes-douleur ».

Au milieu du mois de juin, le prince Poniatowski arriva avec son corps à Zittau et cantonna dans cette ville et ses environs. Sur l'ordre de l'Empereur, le prince vint à Dresde avec ses aides de camp. L'Empereur le reçut très cordialement, et l'entourage du souverain lui montra la plus grande estime. Pendant la revue sur la prairie d'Osterwiese, l'Empereur combla Poniatowski de marques de bienveillance.

Le premier entretien entre l'Empereur et le prince Joseph eut lieu dans le cabinet impérial, et une très longue conversation s'engagea entre eux. Quand il sortit de l'audience, le prince me chercha des yeux dans le groupe des officiers de service, et s'approchant de moi, me dit : « Je te remercie beaucoup du rapport favorable que tu as fait à l'Empereur en revenant d'Austerlitz. » Je répondis que je n'avais dit que la vérité. « Tu as ajouté, interrompit le prince, que sur le champ de bataille d'Austerlitz j'ai formé mes troupes

en ligne, et qu'au milieu de salves d'artillerie
je leur ai annoncé la nouvelle victoire de l'Empereur. J'aurais dû le faire, mais il n'en a pas
été ainsi. » En prononçant ces mots, le prince
m'a serré la main, et a terminé en français :
« Cela m'a valu pourtant un compliment flat-
teur de l'Empereur. C'est à vous que je le dois. »

Je fus très touché de ces paroles du prince,
que nous adorions tous.

Pendant le séjour à Dresde du prince Poniatowski, nous remarquâmes la tristesse peinte sur
son visage; on voyait facilement qu'il était troublé par un chagrin dont il ne faisait pas mystère devant son entourage. La même tristesse
s'était emparée de tout son état-major.

A ce moment les aides de camp du prince
Joseph étaient : Arthur Potocki, Kamieniecki,
les commandants Louis Kicki, Héliodore Skor-
zenski et Cajetan Srydlowski, ainsi que les officiers Szumlanski, Potalicki et autres.

Parmi les généraux qui commandaient des
détachements, on remarquait : le prince Sulkowski, Uminski, Sokolnicki, Ethien Grabowski
et Krukowiecki, ainsi que le colonel Oborski,
chef des « krakus »...

Presque à la même époque, on voyait à notre
état-major général de l'armée les officiers suivants : Alexandre Fredro, Jelski, Mühlberg

(ancien aide de camp du général Chlopicki en Espagne), Gosiewski et Joseph Kwilecki.

A côté de ces officiers polonais, il y en avait d'autres dont j'ai oublié les noms, car ils ne sont restés que très peu de temps avec nous et ont été envoyés dans les différents corps d'armée.

Il y eut aussi à l'état-major une douzaine d'officiers français, mais leur ignorance de la langue allemande fit qu'on les employa peu. Au début de la campagne, si quelqu'un d'entre eux était envoyé en mission, ou il s'égarait et tombait aux mains de l'ennemi, ou il revenait en disant : « On ne peut pas passer, la route est coupée par les cosaques. » Lorsque l'Empereur ou le prince Berthier, s'étonnant de voir occupé par l'ennemi le terrain où cet officier était allé, commençait à douter qu'il fût allé jusqu'à l'ennemi, on choisissait un des officiers polonais pour porter la même dépêche, et cet officier arrivait toujours à destination et revenait avec la réponse. On le questionnait à son retour :

« — Avez-vous vu les cosaques?...

— Non!...

— Avez-vous entendu dire qu'il y avait des ennemis?

— Non!... »

Et l'officier français recevait une semonce. Il s'excusait en expliquant qu'il demandait toujours en allemand s'il y avait des cosaques, et qu'on lui faisait toujours la même réponse : « Ia, ia. » Il était évident qu'il ne comprenait pas la langue et qu'on se moquait de lui.

Mais pour nous, ce n'était pas une plaisanterie ; s'il y avait un message important à transmettre, l'Empereur ou le prince Berthier disaient : « Envoyez un officier polonais... » Aussi étions-nous toujours de service, tandis que les officiers français et les officiers d'ordonnance de l'Empereur n'étaient envoyés que sur des routes sûres, et avec des missions moins importantes.

On peut affirmer que la cause principale des désastres arrivés à l'armée française fut l'ignorance de la langue des pays où combattaient les Français. Souvent, malgré les ordres excellents donnés par l'Empereur, le résultat ne correspondait pas à l'idée directrice, car les ordres n'arrivaient pas en temps utile, ou pas du tout, aux corps destinataires. Il m'est arrivé souvent, quand je portais des dépêches en Saxe ou en Westphalie, d'être pris par les habitants pour un officier allemand ou russe. J'avais toujours la précaution de faire écrire mon nom tout seul sur mon ordre de route, que je remettais au postillon, sans y mentionner mon grade. Mais s'il arrivait que le grade fût inscrit, du moins n'indiquait-on pas l'armée à laquelle j'appartenais.

Cette précaution était fort utile, car on ne pouvait avoir que peu de confiance dans les maîtres de poste allemands, en général hostiles aux Français. Un grand nombre de ces individus, s'ils ne manifestaient pas ouvertement leur malveillance à l'égard des Français, se vengeaient d'eux en leur donnant des chevaux faibles et mauvais et des voitures à moitié démolies.

Pour montrer le bien-fondé de mes précautions vis-à-vis des employés des postes allemands, je raconterai une aventure qui m'arriva pendant une de mes missions à Hambourg.

L'Empereur m'avait donné l'ordre de porter des dépêches au maréchal Davout, qui, autant que je puis m'en souvenir, se trouvait à Hambourg et aux environs.

Je partis par la poste, par Leipzig, Halle, Brunswick et Celle.

Entre ces deux dernières villes, je cédai au sommeil et perdis mon chapeau pendant que je dormais. En arrivant au bureau de poste d'une petite ville, je m'arrêtai pour acheter une coiffure quelconque et je me procurai une casquette bleue avec passepoil rouge. Ces casquettes, ainsi qu'on me l'expliqua plus tard, avaient été con-

fectionnées à l'usage des troupes russes et allemandes.

Justement à cette époque les généraux Tettenborn et Czerniszew venaient de traverser le
pays et, depuis l'armistice, se retiraient avec
leurs troupes au delà de l'Elbe. Je ne rencontrai
ni soldats français, ni ennemis, et presque nulle
part on ne voyait de militaires dans les bureaux
de poste.

Coiffé de ma nouvelle casquette, je continuai
ma route pendant la nuit dans une petite voiture. Un homme grand, assez âgé, d'allure militaire, avec de longues moustaches, conduisait
les chevaux; la voiture était tellement étroite
que le postillon était presque assis sur mes
genoux. A part ma nouvelle coiffure, j'étais
enveloppé dans mon grand manteau gris fourré.
Nous entrons dans une sombre forêt. Je commence à bavarder avec mon postillon. Après
quelques mots, il me demande la permission de
fumer sa pipe. Naturellement, j'y consens. Mon
compagnon de voyage tire alors de sa poche une
pipe sur laquelle était peint un cosaque avec
une longue lance et me demande de la regarder.
Je ne dis rien et me contente de remuer la tête,
devinant que cela devait signifier quelque chose.
Je ne me trompais pas, car le postillon s'adresse
vivement à moi, en allemand, bien entendu :

« Eh! j'ai bien vu tout de suite que vous n'étiez pas Français.

— Pourquoi? lui dis-je.

— Parce que vous parlez bien et avec un bon accent.

— N'aimes-tu pas l'accent des Français?

— Pourquoi devrais-je aimer ces misérables chiens! Moi! un ancien hussard du prince de Brunswick! Ma foi, si ce n'était mon âge avancé, ma femme et mes enfants... je pourrais montrer à ces Français que je suis encore bon à quelque chose!

— Y a-t-il longtemps que tu as servi?

— En 1809, quand Schill était chez nous... j'ai fait alors mon dernier service... Oui... maintenant je ne puis plus prendre part à la guerre... mais je me suis toujours occupé... »

Et, en prononçant lentement ces derniers mots, le postillon tire de la tige de sa botte un fort couteau de cuisine... et en me le montrant, il ajoute :

« Ce couteau a envoyé dans l'autre monde quelques-uns de ces chiens de courriers français. »

Je frissonnais de la tête aux pieds... Mais, surmontant mon émotion, je lui tape sur l'épaule en lui disant :

« — Tu es un brave et fidèle Allemand! mais,

dis-moi, ces courriers étaient-ils des officiers ou des courriers de poste?

— Tous des officiers avec des dépêches.

— A qui as-tu remis les dépêches?

— A notre maître de poste, bien entendu : il savait bien comment les faire parvenir aux Russes ou à Tettenborn.

— Et ces dépêches étaient-elles bien importantes?

— Assez... Un de ces courriers n'avait pas grand'chose, mais un autre portait une lettre écrite par Napoléon lui-même,

— Qu'as-tu fait des cadavres?

— Eh bien! quoi! je les ai laissés tout près d'ici, dans un champ... Les paysans les ont sûrement enterrés... car les gens d'ici ont traité de même plusieurs Français. »

Voilà la conversation que j'eus en traversant la forêt, jusqu'à l'arrivée à la station de poste où nous nous arrêtâmes; heureusement il faisait encore nuit. Mon postillon, après avoir reçu un bon « trinkgeld (1) », cria à ses camarades de se dépêcher d'atteler, car le voyageur était, dit-il, « un des nôtres ». J'avais peur d'exciter l'attention du maître de poste, qui en examinant mon billet de voyage visé à Dresde, eût pu s'aperce-

(1) Pourboire.

voir que je n'étais ni Allemand ni Russe, car il n'y avait là que des Français. Mais comme je l'ai dit, c'était la nuit. Un scribe reçut ce que je devais payer, et rendant le billet au postillon, lui cria : « Forwertz » (1) !

En continuant ma route, je demandai au nouveau postillon, qui était un jeune homme, le nom de celui qui l'avait précédé. Il me le dit, et quand je lui dis quelques mots flatteurs sur son camarade, comme un vieux soldat méritant, le jeune homme ajouta : « Ia, es ist ein alter Husar, ein gütiger Kerl (2) ! » Je lui demandai s'il n'y avait pas de Français aux environs ; il me répondit qu'ils s'étaient retirés à Hambourg et sur le Rhin, et que les gendarmes français et westphaliens qui se trouvaient toujours dans les bureaux de poste s'étaient enfuis ou avaient été pris par les soldats de Tettenborn.

Toute la journée suivante, je voyageai avec appréhension, et dans l'inquiétude qu'un maître de poste ne découvrît en moi un Français, étant donné surtout que le but de mon voyage était Hambourg.

Enfin j'eus la joie de retrouver à Lunebourg les troupes françaises. Je donnai aussitôt aux

(1) « En avant ! »
(2) « Oui, c'est un vieux hussard, un bon garçon ! »

gendarmes le nom du postillon assassin pour le faire arrêter et punir, mais j'ignore si ce fut fait.

En arrivant à Hambourg, je trouvai le maréchal Davout, prince d'Eckmühl, occupé aux fortifications de la ville. C'était un homme extrêmement sévère, mais très juste.

Il a certainement obligé les Hambourgeois à supporter des charges considérables, mais il a empêché son personnel de voler, et lui-même n'a jamais tiré profit de sa position élevée, si élevée qu'il avait sur Hambourg et les environs presque les mêmes pouvoirs qu'un roi.

Les officiers d'état-major du maréchal me racontèrent à Hambourg quelques exemples de sa sévérité, mais en même temps de son impartialité pour tous sans exception. En voici un.

Dans le corps du maréchal, il y avait un ordonnateur en chef (1), du rang de général,

____

(1) Grabowski fait encore une erreur lorsqu'il met ici en cause l'ordonnateur en chef du maréchal Davout à Hambourg.

D'après les *Mémoires du général Thiébault* (tome V, page 135), la victime de la sévérité du maréchal aurait été l'économe du grand hôpital de Hambourg, fusillé pour s'être approprié, pour sa femme en couche et assez malade, trois livres de bœuf sur les vivres de l'hôpital.

Ce fut, en réalité, le garde-magasin général des hôpitaux et approvisionnements extraordinaires de Hambourg qui fut condamné à mort et fusillé le 12 mars 1814. Pierre-Antoine M..., né en 1778, fit toute sa carrière dans le service

chargé des approvisionnements et de l'administration entière du corps; il avait par suite sous
ses ordres le commissariat des guerres, les hôpitaux, les fourrages, l'habillement, etc. C'était
un homme honnête et bon, marié, père de plusieurs jeunes filles. Le maréchal estimait beaucoup l'ordonnateur et le recevait à ses dîners
et à ses bals avec sa famille; en un mot, tous

des hôpitaux depuis le 5 floréal an IV; employé à l'armée
d'Italie, à l'hôpital du Val-de-Grâce, à l'armée des Côtes de
l'Océan, à l'armée d'Espagne, à l'armée de Portugal, il rem-
plit les fonctions de commis aux écritures et de vérificateur
de la comptabilité à la satisfaction de ses chefs, qui attestent
sa moralité et sa probité. Forcé de quitter le service actif des
armées par suite d'infirmités, il obtint le poste de garde-
magasin général des hôpitaux à Hambourg, le 28 juin 1813.
C'est là que la mort l'attendait.

Les pièces du procès en conseil de guerre n'existent pas
aux archives de la guerre; on ne peut donc juger des motifs
qui ont déterminé sa condamnation. Mais M..., dans une
lettre écrite quatre heures avant son exécution, et adressée à
son cousin P..., chirurgien aide-major au 108e de ligne à
Hambourg, fait preuve des sentiments les plus élevés de rési-
gnation chrétienne, et montre une vénération profonde pour
le prince d'Eckmühl; il atteste son innocence et se déclare
victime d'une machination destinée à « couvrir un homme
puissant et à le soustraire à la justice des lois ».

M... a laissé une veuve, dont on trouve dans le dossier de
son mari trois suppliques au ministre de la guerre pour solli-
citer un secours. Il est à remarquer que, dans la lettre citée
plus haut, M... parle de sa mère et de sa sœur, mais ne fait
aucune allusion à sa femme, dans l'attribution du peu qu'il
laisse après lui.

Commandant M...

deux se voyaient avec beaucoup d'intimité. Il arriva un jour qu'en inspectant les casernes, les écuries et les hôpitaux, le maréchal s'aperçut que le fourrage, la viande, le pain et le vin étaient de mauvaise qualité et que les hommes et les chevaux souffraient de la faim. La malhonnêteté des commissaires des guerres et de leurs subordonnés fut mise au jour, et le maréchal publia un ordre dans lequel il interdisait aux employés de l'administration militaire, ainsi qu'à tous les officiers de toutes armes, de prendre ou s'approprier les fourrages des chevaux, les vivres des soldats et les approvisionnements destinés aux hôpitaux, etc., sous peine, pour les coupables, des punitions les plus sévères.

Quelques jours après la publication de cet ordre, le maréchal apprit que l'ordonnateur en chef cité plus haut s'appropriait souvent des provisions destinées à l'hôpital, un filet, une langue de bœuf, etc.

Lorsque Davout eut acquis la certitude que cette dénonciation était exacte, il fit arrêter l'ordonnateur en chef et le fit traduire devant un conseil de guerre.

Tout le monde sait qu'en temps de guerre le conseil de guerre juge en une seule séance, prononce le verdict, et que la peine est exécutoire dans les vingt-quatre heures.

L'ordonnateur s'avouant coupable, le conseil de guerre prononça l'arrêt le condamnant à être fusillé... Davout confirma le jugement et ordonna à un colonel de gendarmerie de faire procéder à l'exécution le lendemain matin.

On peut s'imaginer le désespoir de la famille du condamné. Le maréchal ne permit à personne de le voir le soir du jugement, et le lendemain matin, dès la première heure, il montait à cheval et quittait la ville.

La femme et les jeunes filles du condamné se précipitèrent le matin au quartier du maréchal, les généraux mêmes voulaient prendre l'initiative de demander la grâce de l'ordonnateur : Davout était introuvable. On envoya des ordonnances à sa recherche, mais en vain... En même temps le colonel de gendarmerie annonçait qu'il ne pouvait attendre plus tard que huit heures, et que, si la grâce n'était pas accordée à cette heure, il serait obligé d'exécuter l'arrêt.

Huit heures sonnèrent à la tour, et le malheureux ordonnateur fut fusillé.

Le maréchal ne rentra dans la ville que le soir.

Depuis cette affaire, personne n'osa plus détourner la moindre chose de ce qui était destiné à l'armée.

Un sort semblable advint plus tard à plusieurs habitants de Hambourg.

Lorsque Tettenborn, Czerniszew et les autres corps alliés bloquaient et assiégeaient Hambourg, et que toutes les correspondances entre la ville et l'extérieur furent coupées, les commandants des troupes alliées cherchèrent à communiquer avec les habitants pour leur annoncer de temps en temps les incidents favorables aux alliés. Dans ce but, ils mirent dans des boîtes de fer-blanc bien closes des journaux, des proclamations et toutes les nouvelles relatives à leurs victoires; ces boîtes furent lancées en grand nombre dans l'Elbe, dans l'idée que quelques-unes s'arrêteraient sur les bords, où des passants les remarqueraient, les ouvriraient et répandraient les nouvelles dans la ville.

C'est en effet ce qui arriva. Des pêcheurs ou d'autres personnes trouvèrent de ces boîtes, et l'on eut des informations sur les faits importants.

Mais le maréchal Davout eut connaissance de ces trouvailles de boîtes. Il fit garder les bords de l'Elbe et fit placarder sur les murs un ordre annonçant que tout habitant qui oserait ramasser une de ces boîtes serait fusillé... Néanmoins la curiosité fut quelquefois plus forte, et le curieux perdit la vie.

Dans les troupes du maréchal Davout se trouvait un régiment de cavalerie polonaise commandé par le colonel Brzechwa. Il n'y avait pas une place où l'on ne pût trouver de nos soldats, et partout ils se firent remarquer par leur bravoure et leur fidélité.

Le maréchal Davout se maintint bravement à Hambourg jusqu'à la paix. A sa mort, il ne laissa à sa famille qu'une bien modeste fortune. Quoique le prince d'Eckmühl eût reçu de l'Empereur, en dotation, le duché de Lowicz, ce domaine lui fut retiré par le congrès de Vienne, et est resté jusqu'à aujourd'hui la propriété de l'empereur de Russie.

Pendant les années 1808 et 1809, lorsque le maréchal Davout commandait les troupes qui occupaient le duché de Varsovie, il nourrissait l'espoir que Napoléon le nommerait roi de Pologne, et recevait avec plaisir les compliments de maints flatteurs pour cette future élévation. L'Empereur l'apprit et rappela Davout de Varsovie, en lui reprochant beaucoup, a-t-on dit, son ambition. Il eût certainement mieux valu que le duché de Varsovie reçût Davout pour roi; mais, à cette époque, le traité de Tilsitt inspirait trop de respect pour qu'on y portât atteinte.

Je me souviens parfaitement de la douloureuse déception des Polonais quand ils apprirent la création du duché de Varsovie et qu'ils eurent

la certitude que ce n'était pas le royaume de
Pologne, mais seulement une faible partie, qui
devait former le duché de Varsovie. Quand
Napoléon rentra à Varsovie en revenant de
Tilsitt, le président du gouvernement polonais,
ancien maréchal de la Diète de 1791, Malachowski, exprima son chagrin à l'Empereur,
avec le reproche de n'avoir pas reconstitué le
royaume de Pologne. Napoléon lui répondit :

« Mon cher comte, j'ai joué au vingt-et-un.
J'avais vingt, et je m'y suis tenu. »

A la même époque, l'empereur de Russie
Alexandre écrivait de Tilsitt à une dame
(Mme Tyszkiewicz) avec laquelle il correspon-
dait souvent :

« La paix est faite. Napoléon n'a obtenu qu'un
ridicule duché de Varsovie... »

Puisque je parle de la Pologne, je me souviens que pendant la campagne de 1812 et jusqu'à aujourd'hui on a reproché à Napoléon de
n'avoir jamais pensé sérieusement à reconstituer
le royaume de Pologne et de n'avoir utilisé les
Polonais qu'en vue de la réussite de ses combi-
naisons.

On connaît aujourd'hui la raison qui empécha
Napoléon de se déclarer ouvertement pour la
reconstitution de la Pologne à Wilna (1812).
Quand la députation polonaise fut présentée à

l'Empereur par le woïvode Wybicki, avec une adresse votée par les représentants du pays et demandant le rétablissement du royaume de Pologne, Napoléon ne nomma pas de roi et ne consentit même pas à ce rétablissement...

(Longtemps après, à Sainte-Hélène, en parlant avec son médecin de ces événements, Napoléon s'en excusa.)

Dans sa réponse à Wilna à la délégation polonaise, l'Empereur prononça ces paroles :

« La Lithuanie, la Podolie, l'Ukraine seront jointes au royaume de Pologne, mais non la Gallicie dont j'ai garanti la possession à l'Autriche. » Le traité secret entre la France et l'Autriche, connu maintenant, avait été conclu et signé avant le commencement des hostilités en 1812.

Dans ce traité on voit bien que l'Empereur désirait le rétablissement de la Pologne; voici l'original :

« ART. VII. (Commentaire du 14 mars entre l'Autriche et la France.) Le rétablissement du royaume de Pologne sera proclamé sans la garantie des deux puissances contractantes; néanmoins, la Gallicie est spécialement garantie à S. M. l'Empereur d'Autriche. — ART. VIII. Si cependant..., etc. » Cet article est la preuve des bonnes intentions de l'Empereur, mais peut-être ne voulut-il pas créer ce royaume avant d'être maitre du pays, ou a-t-il jugé, connaissant les idées de l'empereur Alexandre, que ce projet soulèverait beaucoup de difficultés pour la conclusion de la paix ; cela se passait justement à Wilna, au commencement de la campagne, avant d'avoir soumis la Russie, et le rétablissement du royaume de Pologne pouvait être dangereux. Napoléon ne créait de royaumes qu'après la paix conclue et ne disposait jamais des destinées d'un pays avant la fin de la guerre. Il estimait beaucoup ceux qui tenaient leur serment de fidélité envers leur roi, et ne changeait le gouvernement d'un pays que lorsque le souverain avait délié ses sujets de leurs serments.

Mais avant tout, c'était la France qui occupait la première place dans les préoccupations de Napoléon ; il a tout fait pour son bonheur et pour sa gloire. Les autres nations ne lui servaient que comme des instruments nécessaires pour arriver à un but plus important.

Revenons maintenant à Hambourg, où je me suis arrêté aux visées ambitieuses de Davout sur le trône de Pologne.

Je ne restai que vingt-quatre heures à Hambourg et revins à Dresde par une route différente, Brême, Hameln et Cassel.

Au milieu des troubles et des difficultés diplomatiques qui l'entouraient, et pour cacher sa fâcheuse situation, Napoléon ordonna des fêtes à Dresde. Les acteurs français reçurent l'ordre d'y venir; on construisit rapidement un petit théâtre dans le palais Marcolini.

Si l'on avait pu oublier qu'une guerre sanglante venait à peine de se terminer et qu'on avait à craindre pour le lendemain de nouveaux désastres, on eût pu s'imaginer, en voyant la cour impériale, qu'on était à l'époque la plus brillante de l'Empire. L'Empereur était entouré d'une cour et d'un état-major magnifiques. Les chambellans, les écuyers, les pages, les équipages de chasse, les voitures et les livrées les plus riches, tout cela venait d'arriver de Paris. On donnait les bals les plus brillants. Le duc de Bassano et après lui le général Pac en donnèrent qui furent honorés de la présence de l'Empereur. M. Bignon et M. le ministre Breza donnaient souvent aussi des soirées dansantes.

A ce moment, le cabinet diplomatique de l'Empereur se composait du duc de Bassano (Maret), de M. Bignon, du comte de Narbonne, du duc de Vicence (Caulaincourt) et d'une dizaine de conseillers d'État et d'auditeurs au Conseil d'État, sans compter les secrétaires de cabinet comme le baron Fain et Lelorgne d'Ideville, secrétaire du conseil; ce dernier parlait russe et avait habité la Russie longtemps.

Les aides de camp de l'Empereur à Dresde étaient : Flahaut, Drouot, Dejean, Cambronne, Durosnel, Bernard et Montesquiou. Les officiers d'ordonnance : Gourgaud, Laplace, Ségur, Mortemart, Athalin, Lauriston, Dessaix, Planot, Caraman, Béranger et Chabrillac. Le premier chambellan était le comte de Turenne ; l'écuyer, Mesgrigny ; le capitaine des chasses, le chevalier de Bollemant, un vieillard de l'ancienne cour de Louis XVI ; quant aux autres et aux pages, j'ai oublié leurs noms.

A l'état-major du prince Berthier, les officiers suivants étaient aides de camp : Montesquiou jeune, Berthier (frère du prince), de Labourdonnaye, deux frères, les ducs de Bauffremont ; l'écuyer était Alexandre Girardin. On y voyait aussi les adjudants-commandants Fodras, Mondreville, Galbois, Stoffel, Falkowski, Laczinski (frère de Mme Walewska), Fontenille et Lecouteaux.

Les généraux Pac et Kossakowski faisaient le service comme aides de camp polonais et appartenaient aussi à l'état-major de l'Empereur. Tous ces adjudants-commandants restaient auprès de l'état-major général, mais étaient employés en service spécial, « à la disposition », comme commandants de place, envoyés en missions spéciales, souvent aussi nommés chefs de brigade, de régiment, etc.

Nous autres, officiers subalternes de l'état-major général, on nous appela les « officiers du grand quartier général ». Nous étions sous les ordres d'un des adjudants-commandants, qui tenait la liste de nos noms et nous commandait de service. Tous les adjudants-commandants étaient sous le commandement spécial du général de division Monthyon, sous-chef d'état-major général.

Stanislas Wasowicz appartenait aussi à l'état-major de l'Empereur. Son avancement avait été rapide. A la fin de la campagne de Russie, l'Empereur, au moment de quitter l'armée et faisant ses préparatifs pour rentrer à Paris, demanda au général Krasinski un officier parlant bien russe et français, pour lui servir de guide et d'interprète. Le général Krasinski choisit Wasowicz, lieutenant de chevau-légers lanciers de la garde impériale. Wasowicz prit place sur le siège de la voiture et guida l'Empereur et le duc de Vicence, Caulaincourt, pendant le voyage de Smorgoni (5 décembre 1812) à Paris, par Varsovie.

L'Empereur voyageait *incognito* sous le nom de comte Caulaincourt. Quand il traversa le bivouac de la vieille garde, les grognards lui firent leurs adieux en criant :

« Ah ! c'est Caulaincourt qui passe ! Oui, c'est
« Colin qui court ! »

Pendant la route, Wasowicz devait prendre
tous les renseignements sur la présence des
cosaques, commander les chevaux aux relais
et s'occuper de la nourriture de l'Empereur. Il
s'acquitta de sa besogne avec tant de dévouement qu'il lui arriva de préparer lui-même des
omelettes pour l'Empereur. Grâce à son intelligence, la voiture impériale put échapper à la
vigilance des cosaques ; une fois, les cosaques
venaient à peine de quitter la station de poste
quand l'Empereur y arriva.

Ce guide de l'Empereur, entre le mois de
décembre 1812 et la fin de 1813, passa du grade
de lieutenant à celui de colonel et reçut plusieurs décorations en ne faisant d'autre service
que celui de l'état-major impérial. Wasowicz
était un bel homme, bien élevé ; il fut aimé et
estimé de tout l'entourage de l'Empereur et
resta fidèle à son maître jusqu'à la fin.

Le baron Lelorgne d'Ideville, secrétaire de
Napoléon, était le chef de la police secrète de
l'armée ; il était chargé de se procurer des
espions pour connaître les dispositifs de l'ennemi.

Un certain Boguszewski, originaire de Lithuanie, était auprès du général Sokolnicki à

Magdebourg. Personne ne savait d'où venait ce Boguszewski ; il était intelligent, adroit, courageux et parlait très bien le russe. Le général Sokolnicki le chargea de plusieurs missions secrètes : lui, quoique officier, se déguisait, exécutait les ordres les plus dangereux, et revenait souvent avec des renseignements très importants. Le général polonais recommanda Boguszewski au baron Lelorgne. Quelquefois, rentré à l'état-major après une mission, il faisait son rapport à l'Empereur lui-même, racontant d'où il venait, ce qu'il avait vu...

On prédit souvent à Boguszewski qu'il mourrait sur l'échafaud ; quoique le baron Lelorgne le trouvât très bien, ce qu'il faisait n'était pas honorable pour un officier et pour un patriote. Mais toutes les observations laissaient Boguszewski indifférent ; il savait comment se glisser dans le duché de Varsovie et pénétrer dans une place assiégée.

Ce curieux personnage vint nous voir à Dresde, pendant l'armistice, revenant de Bohême, de la Sibérie et de Berlin. J'étais vraiment étonné que Boguszewski, qui ne savait pas l'allemand, eût pu si facilement parcourir ces pays et revenir à Dresde pour la troisième fois.

J'échangeai quelques mots avec lui, mais je

remarquai qu'il manifestait de l'inquiétude. A
peine avait-il quitté le quartier que j'occupais
avec mon ami Roman Soltyk, qu'un gendarme
se présenta en demandant où était Boguszewski.
Je répondis qu'il était ici peu auparavant, devinant le motif de cette question. Le gendarme
me dit qu'il fallait que Boguszewski vînt immédiatement chez le baron Lelorgne d'Ideville, et
que, s'il ne venait pas de bon gré, il avait
l'ordre de l'arrêter. Cela me parut suspect...
Mon domestique, qui se trouvait dans la
chambre, entendit cette conversation.

Je me rendis bientôt au château, dans le
salon de service, où je trouvai le baron Lelorgne,
qui commença à me questionner brièvement
sur le compte de Boguszewski. Je lui répondis
la vérité. Lelorgne me dit qu'il avait la preuve
certaine que cet homme était un espion de l'ennemi; c'est pour cela qu'il était toujours prêt à
accepter les missions les plus audacieuses et
ne nous rapportait que de faux renseignements.
Je lui répliquai qu'autant que je le savais le
général Sokolnicki avait confié à cet homme
différentes missions, dont il s'était acquitté avec
beaucoup de zèle et en lui rapportant d'excellentes informations. Le baron m'avoua qu'il
avait eu aussi beaucoup de confiance en lui
sur la recommandation du général Sokolnicki,

mais qu'il avait maintenant des preuves de sa trahison.

Quand je rentrai chez moi, je demandai à l'ordonnance de Soltyk s'il n'avait pas vu Boguszewski ; cet homme me dit qu'il était venu en effet et lui avait demandé un cheval, que son maître lui aurait permis de prendre pour se promener : ce domestique l'avait cru et lui avait donné un cheval, avec lequel il était parti. Mon domestique à moi, qui avait entendu les explications du gendarme, n'avait pas voulu donner un de mes chevaux, en expliquant que je lui avais défendu formellement d'en prêter à qui que ce fût. A cette réponse, Boguszewski était allé trouver le domestique de Soltyk, qui l'avait vu plusieurs fois chez nous, et qui avait cru ce qu'il lui disait. Nous n'avons jamais revu Boguszewski, ni le cheval de Soltyk... Je n'ai jamais entendu parler de lui qu'une seule fois ; on me raconta qu'il était venu voir ma mère à Posen et lui avait donné de mes nouvelles ; ma mère en avait été très contente, car elle n'avait pas entendu parler de moi depuis mon départ.

Le maréchal Berthier, duc de Neuchâtel, habita pendant un temps assez court le palais « Heros ». L'Empereur fixa son quartier au château, et de là fit quelques excursions. Pour nous, officiers d'état-major, lorsque nous étions de service, nous mangions à la table du prince Berthier; pendant les marches, c'est-à-dire en campagne, nous mangions avec les aides de camp du prince. Nous recevions six rations de fourrage pour nos chevaux, et notre solde était celle des officiers de la garde.

Il y avait à Dresde beaucoup de mes compatriotes qui avaient quitté leur patrie avant l'arrivée de l'armée russe. Il y avait beaucoup de Lithuaniens, en particulier ceux qui pendant la campagne de 1812 avaient occupé des emplois civils ou militaires et craignaient des représailles; ils étaient arrivés à Dresde avec les armées française et polonaise; d'autres étaient partis directement pour Paris.

M. Breza était ministre polonais près du roi de Saxe (1); il était aussi secrétaire du Conseil d'État, et recevait beaucoup de monde. Il y avait là le général Turno avec sa famille, le préfet de Posen Sawczynski et le préfet de Plock Rembielinski. Parmi les autres familles polonaises se trouvaient le woïvode Bielinski, le ministre Lubienski et sa famille, et beaucoup d'autres... En outre quelques membres du gou-

(1) Le roi de Saxe était en même temps duc de Varsovie. (Note du traducteur.)

vernement lithuanien, comme Soltan, Jeslki et le prêtre Bohusz.

Le général Pac, aide de camp de l'Empereur, donna un bal superbe, que Napoléon honora de sa présence, pendant un temps très court il est vrai; mais la famille royale, l'état-major impérial, les ministres et le corps diplomatique s'y trouvèrent presque au complet. Ce bal fut très brillant et on peut dire que ce furent les dernières danses, les derniers plaisirs de cette campagne.

Le 30 juin, l'Autriche déclara qu'elle acceptait de servir d'intermédiaire pour la conclusion de la paix, et demanda la convocation d'un congrès à Paris pour le 12 juillet suivant. Napoléon y envoya les comtes de Narbonne et Caulaincourt. L'Empereur se trompait en croyant que ses relations de famille avec l'empereur d'Autriche empêcheraient ce dernier de se joindre à ses ennemis. En réalité, l'empereur d'Autriche trompait l'Empereur, car il avait déjà conclu à Reichenbach un traité secret avec l'empereur Alexandre et le roi de Prusse. On voulait seulement gagner du temps, pour rassembler les armées encore disséminées et attaquer et écraser les Français avec des forces supérieures aux leurs.

Les alliés attendaient aussi l'arrivée du prince

Bernadotte avec les troupes suédoises. Le général Moreau, revenu d'Amérique, devait servir de conseiller. En un mot, on cherchait à gagner du temps.

L'empereur de Russie et le roi de Prusse, par l'intermédiaire de l'Autriche, offraient la paix à Napoléon aux conditions suivantes :

1° Le Rhin frontière de la France ;

2° L'Italie rendue à ses anciens possesseurs, ou du moins indépendante de la France ;

3° Dissolution de la Confédération du Rhin ;

4° La Hollande rendue au roi Louis, frère de l'Empereur ;

5° Cession du Hanovre à l'Angleterre ;

6° Cession de la Poméranie suédoise à la Suède,

7° Dissolution du duché de Varsovie et rétrocession au roi de Prusse des provinces qu'il possédait en 1806 ;

8° L'Espagne rendue au roi Ferdinand et le Portugal à son ancien roi ;

9° Le Tyrol, la Carinthie, l'Illyrie et la Dalmatie rendus à l'Autriche ;

10° Rome rendue au pape, qui pourrait revenir dans sa capitale ;

11° Dissolution du nouveau gouvernement de l'Allemagne et rétablissement de l'ancien ;

12° Cession à l'Angleterre des îles, liberté du commerce, etc., etc.

On laissait en même temps à Murat le royaume de Naples.

Napoléon repoussa toutes ces conditions : cependant il est de notoriété qu'il eût consenti à la dissolution du duché de Varsovie, mais sous réserve de certaines garanties pour les Polonais... Il eût aussi rendu à l'Autriche les pays situés sur l'Adriatique, mais il s'opposait à l'abandon de l'Italie et de l'Allemagne. M. Thiers indique des conditions moins dures.

On discuta, on marchanda sans avoir véritablement le désir d'arriver à la paix. L'Empereur se fit toujours illusion sur les intentions de l'Autriche, quoique ce pays se montrât de plus en plus menaçant, en concentrant ses troupes en Bohême et sur la frontière de la Saxe.

Le 28 juillet, le prince Metternich arriva à Dresde, sous prétexte de conclure la paix. Il eut un entretien très animé avec l'Empereur.

J'étais justement dans la pièce voisine du salon du palais Marcolini où l'Empereur lui donna audience. Pendant la réception de Metternich par Napoléon, nous fûmes certains qu'il y eut entre eux une altercation sérieuse, car nous entendions les éclats de voix de l'Empereur; cette audience dura une heure au moins. Nous vîmes le prince de Metternich sortir, pâle et troublé, mais droit et digne; il traversa la pièce et monta dans sa voiture.

Nous apprîmes depuis que l'Empereur, après avoir épuisé tous les arguments pour arriver à la conclusion de la paix, mais voyant Metternich immuable dans ses prétentions, s'approcha de lui avec impatience et envoya d'un geste son chapeau rouler à terre, en lui disant :

« Eh bien! Metternich! dites-moi combien l'Angleterre vous donne pour me trahir? » On dit que Metternich ne répondit rien, ramassa son chapeau, salua et sortit...

M. Thiers, dans son ouvrage *Histoire du Consulat et de l'Empire*, tome XVI, raconte longuement cette conversation et rapporte des paroles que l'Empereur non seulement n'a jamais prononcées, mais qui n'ont jamais été dans sa pensée.

M. Thiers écrit que Metternich conseillant à l'Empereur de faire la paix et lui rappelant tout le sang versé pendant la première campagne de Russie et les pertes énormes que Napoléon avait subies, l'Empereur s'écria :

« Qu'est-ce que c'est pour moi que deux cent mille hommes de plus ou de moins! Et la moitié de ceux qui ont péri en Russie étaient des Polonais, des Italiens et des Allemands; moi, je ne m'occupe que de la France! »

Tout cela est un mensonge!... Jamais l'Empereur n'a prononcé ces paroles!... Quoique je n'aie pas assisté à cet entretien, j'étais dans la pièce voisine, que Metternich a traversée pour sortir. Peu après son départ, on a parlé à haute voix des paroles exactes qui avaient été prononnoncées; le prince Berthier et le général Flahaut les répétaient, avec précision, mais jamais ils n'ont mentionné les phrases que rapporte M. Thiers. Dans le *Mémorial de Sainte-Hélène*, où toutes les pensées et les paroles de Napoléon sont si fidèlement rapportées, il n'y a pas mention de celle-ci. C'est une invention de M. Thiers, entre beaucoup d'autres qu'il a insérées dans son ouvrage. Il faut espérer qu'il se trouvera quelqu'un pour réfuter ces erreurs et ces mensonges. Voilà comme on écrit l'histoire! Erreurs, calomnies, désir d'humilier la mémoire des alliés de l'Empereur, qui ont versé leur sang pour lui, voilà la vraie cause de tous ces mensonges! Les ennemis de la France et de Napoléon répétèrent les mêmes mensonges sur son compte après sa chute, surtout en Allemagne et en Angleterre. N'est-il pas honteux de calomnier et de salir, en lui prêtant de pareilles expressions, la gloire d'un si grand héros!

Les guerriers et les grands capitaines, qui cherchent la gloire dans les combats, n'écono-

misent pas beaucoup la vie de leurs soldats.
Nous n'en manquons pas d'exemples dans l'histoire. Je citerai seulement ce mot de Frédéric
le Grand.

Pendant je ne sais quelle bataille, les soldats
de sa garde reculaient en désordre devant un
feu terrible d'artillerie. Il les renvoya au feu en
leur criant :

« Eh ! coquins (Schurken), voulez-vous donc
vivre toujours ! »

Le 18 août, l'Autriche annonça qu'elle se joignait aux alliés et déclara la guerre à la France.

CHAPITRE V

Je reviens encore à la période de l'armistice; j'exécutai à ce moment plusieurs missions à Zittau, Liegnitz, Leipzig, Dessau, Wittemberg et Altenbourg.

L'Empereur annonça lui-même à Dresde au prince Poniatowski qu'il le nommait maréchal de France. Le prince ne répondit rien et se contenta de faire un profond salut; mais quand il revint à Zittau il confia à son entourage tout le chagrin que lui causait cette distinction, car elle signifiait une fois de plus pour lui la « fin de la Pologne ».

Le prince Joseph dit à ses amis et à ses officiers : « Il n'y a pas pour moi de distinction plus honorable que d'être le chef de l'armée polonaise. Je ne porterai jamais l'uniforme de maréchal de France. » On m'a raconté qu'il écrivit à l'Empereur une lettre pleine de dignité, dans laquelle il le remerciait du titre qu'il voulait lui donner, mais il le suppliait de lui laisser le commandement en chef de l'armée polonaise. L'Empereur fit, dit-on, à cette lettre une réponse très flatteuse et expliqua au prince qu'en le nommant maréchal il voulait le faire l'égal des autres maréchaux, et pensait lui confier le commandement de détachements de l'armée française. Il envoya à Poniatowski sa nomination à la dignité de maréchal de France par mon camarade Roman Soltyk, qui en remit le brevet au prince.

Celui-ci fut très contrarié de le recevoir et pria ceux qui étaient auprès de lui de n'en jamais parler. Presque à la veille de la bataille de Leipzig, l'Empereur fit mettre cette nomination à l'ordre du jour; mais le prince, jusqu'à sa mort, refusa de porter sur ses épaulettes les insignes de maréchal.

Ayant été plusieurs fois envoyé à Zittau, je vis moi-même le prince Joseph et l'entendis parler avec tristesse de l'avenir, comme s'il eût eu le pressentiment du sort qui nous attendait, lui et nous.

C'est le 20 ou 21 août que je vins pour la dernière fois à Zittau, portant au prince Poniatowski l'ordre d'entrer en Bohême par Freiberg et Gabel. Je devais rester avec le prince jusqu'à ce qu'il fût en contact avec les troupes autrichiennes.

Le lendemain de mon arrivée, les deux armées se rencontrèrent.

Je me souviens que le premier boulet autrichien blessa le lieutenant Mrozinski; quoiqu'il eût le corps traversé, il réussit à guérir de sa blessure.

Le général Uminski conduisit au combat le régiment de « krakus », et quoique ce fût un début pour ces cavaliers, ils combattirent avec une grande bravoure.

Il faut que je revienne encore en arrière, à l'époque de l'armistice.

Envoyé plusieurs fois au maréchal Ney stationné à Leignitz, je me trouvais là quand le colonel Jomini, chef d'état-major du maréchal, passa aux Russes.

Jomini était un Suisse, très bon théoricien, connaissant à fond la science militaire, surtout la fortification. Napoléon ne l'aimait pas, car il avait été l'ami du général Moreau et avait été affilié, disait-on, quoiqu'il s'en défendît, au complot qui avait fait bannir Moreau. Jomini et

Moreau avaient été avocats avant d'embrasser la
carrière militaire. L'Empereur n'aimait pas les
avocats, et c'était un grief de plus qu'il avait
contre Moreau, même quand il le connaissait à
peine. Talleyrand disait souvent : « L'avocas-
serie est la perte des états constitutionnels et
des républiques. »

Il me semble que cette phrase est remplie de
vérité... Jusqu'à ce jour nous en avons constaté
l'exactitude : ce sont les avocats et les juristes
qui ont toujours été à la tête des conspirations
et qui ont propagé dans leur pays les plus odieux
principes.

Lorsque Jomini apprit l'arrivée de Moreau au
camp de l'empereur Alexandre, il trouva moyen
d'entrer en relations avec lui. Le jour même où
j'étais à Leignitz, il monta à cheval, suivi d'un
seul ordonnance, et partit sous le prétexte de
visiter les fortifications. Mais, quand il fut
proche des vedettes prussiennes, il donna l'ordre
à cet ordonnance de rentrer à Liegnitz, et au
grand galop se rendit au camp des Prussiens.
Ce traître devint général, aide de camp de l'empereur Alexandre et fit partie du conseil de
guerre des armées alliées.

Je me rendis aussi à Leipzig, où le duc de
Padoue, Arrighi, commandait et organisait les
dépôts de cavalerie.

La veille du commencement des hostilités, le prince Berthier m'envoya au général Vandamme, qui avait son quartier à Wartilg, près de Dessau. Je trouvai ce général à dîner, dans un jardin brillamment illuminé en l'honneur de la fête de l'Empereur.

Celui-ci avait appris que l'Autriche et les alliés se proposaient de l'attaquer subitement; en conséquence il ordonna d'avancer le jour de sa fête et de la célébrer le 10 au lieu du 15 août, non seulement à Dresde, mais partout ailleurs. C'est pourquoi, en arrivant à Wartilg, je voyais le palais et les jardins du prince de Dessau étincelant des feux d'une brillante illumination.

Le général Vandamme, entouré du prince de Dessau et de sa famille, fêtait ce joyeux anniversaire. L'ordre que j'apportais lui prescrivait de quitter tout de suite Dessau et Wartilg, de passer par Dresde et d'aller occuper Stolpen.

Je remarquai que le général Vandamme n'était pas content : il espérait la paix, et au lieu de la paix, c'était la guerre qui recommençait.

J'avoue que j'ai remarqué le même mécontentement, la même froideur, la même indifférence chez tous les maréchaux auxquels j'ai porté des dépêches. Ils craignaient de perdre les grandes dotations qu'ils avaient conquises en Allemagne et en Pologne. En un mot, l'armée française n'était plus la même qu'en 1812 ou pendant les années antérieures. Tous voulaient jouir dans leur âge mûr des récompenses méritées et vivre dans la tranquillité.

Le roi de Naples (Murat) arriva en même temps à Dresde, mais sans son armée. L'Empereur lui confia le commandement de toute la cavalerie.

Murat n'avait avec lui que quelques officiers, parmi lesquels Malczewski, officier d'un courage extraordinaire, qui s'était fait remarquer pendant la campagne de 1812 par sa bravoure et sa présence d'esprit.

Comme je l'ai dit, on célébra à Dresde le 10 août l'anniversaire de l'Empereur, et ce fut le 11 août que les Prussiens rompirent l'armistice.

Le 24 juillet, l'Empereur était allé à Mayence rejoindre l'Impératrice qui s'y trouvait; mais le 4 août il était de retour à Dresde. Toute l'armée présente à Dresde et aux environs célébra la fête du 10 août; la ville était magnifiquement illuminée et cette belle journée finit par un feu d'artifice superbe tiré sur les rives de l'Elbe et sur le pont.

Néanmoins une certaine tristesse planait sur cette fête, malgré les acclamations des troupes et les salves d'artillerie, car chacun pouvait prévoir combien était douteuse l'issue de la campagne qui allait commencer.

L'armée polonaise s'organisait à Zittau; elle avait reçu les différents détachements qui avaient été réorganisés à Wetzlar et dans d'autres places après la campagne de 1812.

On dit que l'Empereur avait l'idée de former un bataillon de la garde polonais, et l'on nommait déjà comme chef de ce bataillon le major Kurejusz, d'un régiment d'infanterie, qui avait la réputation d'un bon et brave officier. Mais ce ne fut qu'un projet.

Le régiment de chevau-légers lanciers de la garde impériale comptait à ce moment deux mille chevaux.

Le 18 août, l'Autriche annonça son alliance avec la Russie et la Prusse et déclara la guerre à l'empereur Napoléon.

Le 11 août, cette puissance avait conclu un traité avec la Russie, la Prusse et l'Angleterre.

La guerre recommençait.

L'Empereur envoya le maréchal Ney vers Berlin : de ce côté se trouvaient les corps des maréchaux Mortier, Marmont et Oudinot. Le maréchal Marmont prit le commandement du corps qui était à Liegnitz pour agir contre l'armée de Silésie commandée par Blücher. Le

prince royal de Suède, Bernadotte, commandait
les troupes alliées à Berlin. Les empereurs
Alexandre et François, ainsi que le roi de Prusse,
se trouvaient à Tœplitz, à la tête d'une armée
considérable, formée principalement de troupes
autrichiennes, avec quelques détachements
russes. Cette grande armée devait attaquer
Dresde par la rive gauche de l'Elbe. Toutes les
forces ennemies attaquèrent l'armée française le
même jour, à la fois du côté de Berlin, en Silésie
et en Saxe.

Le 15 août, l'Empereur partit de Dresde pour
Pirna, le 11 il était à Bautzen, le 18 à Gœrlitz.
Le 18, Poniatowski entrait en Bohême et pous-
sait jusqu'à Friedland, mais se retirait ensuite.
Le 21, l'Empereur était à Lœwenberg, le 23 à
Goldberg ; de là il rentra à Dresde, ramenant
avec lui le corps du prince Poniatowski, qui fut
renvoyé à Zittau. Le 26, l'Empereur était à
Dresde, et ce fut le 26 et le 27 qu'eut lieu la
bataille de Dresde.

Lorsque l'Empereur était allé avec sa garde à
Gœrlitz, il avait poussé jusqu'à Zittau passer
l'inspection de l'armée polonaise, dont il fut
très content.

Les « krakus » manœuvrèrent devant l'Empereur avec une précision absolue. L'Empereur
répétait souvent :

« Je voudrais avoir 10,000 hommes comme ceux-ci, montés sur des « konia ». C'est une excellente troupe. »

Après cette revue, il partit au galop pour Gabel et en revint bientôt après.

En même temps le corps du maréchal Saint-Cyr occupait Dresde et les environs, se développant jusqu'à Pirna et Thornitz.

J'ai oublié de dire que pendant l'armistice Napoléon avait fait construire des batteries et élever des fortifications autour de Dresde, tant sur la rive droite de l'Elbe, autour de Neustadt, que sur la rive gauche à Grossgarten et Friedrichstadt.

La ville de Dresde était fortifiée depuis longtemps, entourée de murailles et de forts en maçonnerie, mais les longs faubourgs qui s'étendaient au delà de l'enceinte se trouvaient jusque-là sans défense. C'est pourquoi on construisit des batteries entourées de palissades; on les arma de canons, de façon à organiser des secteurs défensifs tout autour de la ville.

Le prince Poniatowski se battit contre les troupes autrichiennes à la frontière de la Bohême; mais, comme les troupes polonaises n'étaient pas en nombre suffisant, il reçut l'ordre de se retirer à Loebau.

Le général Vandamme prit position à Stolpen

sur l'Elbe et sur la frontière de Bohême. Le maréchal Macdonald rétrogradait avec son corps de Liegnitz à Buntzlau.

Quand l'Empereur arriva avec la garde, toute l'armée se porta en avant. Les combats de Goldeberg et de Haynau obligèrent l'armée à rétrograder.

Informé que l'armée principale autrichienne avait passé la frontière de Saxe et marchait sur Dresde en force imposante, l'Empereur ordonna à sa garde entière, infanterie et cavalerie, de retourner à Dresde ; il laissa le maréchal Macdonald à Haynau et le prince Poniatowski à Reichenbach.

Nous revînmes à Dresde à marches forcées et y arrivâmes le 26 août vers midi. L'armée autrichienne était déjà si près de la ville que les boulets de son artillerie traversaient l'Elbe et arrivaient jusqu'à nous pendant notre marche sur la chaussée.

Le corps entier du maréchal Saint-Cyr se retirait déjà à Dresde et prenait position dans l'intérieur des fortifications et des batteries nouvellement construites. Grossgarten était occupé par l'ennemi, et les obus autrichiens tombaient dans la ville.

L'armée française effectua son passage sur deux ponts, l'infanterie par le grand pont en pierre, la cavalerie par un pont de bateaux jeté près de Friedrichstadt. L'Empereur, placé à l'entrée du grand pont, surveillait le passage et indiquait à chaque détachement le lieu où il devait aller et la direction de sa marche.

Les Autrichiens, voyant de loin la masse des troupes françaises en marche vers Dresde, nous attaquèrent vivement et essayèrent de s'emparer de la batterie construite entre Pirna et Seethor, derrière le jardin Moszynski.

Après quelques assauts où ils lancèrent des masses d'infanterie qui comblèrent les fossés de leurs cadavres, ils réussirent à démolir la palissade et à entrer dans la batterie.

Pendant cette bataille, l'Empereur et le prince Berthier m'envoyèrent plusieurs fois en mission. Les boulets et les obus tombaient dans les rues, surtout sur la nouvelle place de Pirna et de Moritz. Je me souviens qu'au moment où je traversais Neumarkt, un obus tomba à quelques pas de moi, près d'une fontaine où deux West-phaliens puisaient de l'eau. L'explosion les tua tous les deux. J'entendis siffler les éclats autour de ma tête. Un obus semblable a tué une domestique de la princesse Sulkowska devant la porte cochère de sa maison.

Lorsque l'Empereur apprit le danger qui menaçait la batterie Moszynski, il envoya pour

la secourir un bataillon de grenadiers de la
garde, avec l'ordre de la reprendre à l'ennemi
s'il l'occupait déjà. Les Autrichiens n'avaient
pas encore eu le temps de s'y installer et d'en
retourner les canons contre la ville quand ce
bataillon de grenadiers déboucha de la barrière
de Pirna. Le général Dumoustier, qui les commandait, fut tué avant d'arriver à la batterie.
Les Autrichiens en furent chassés et se retirèrent vers Grossgarten. On se battit ensuite à
coups de canon, de part et d'autre, jusqu'au
soir. Si les Autrichiens avaient mis la même
vigueur, dans cette attaque du 26, qu'ils en mon-
trèrent le 27, il est probable que Dresde eût été
prise et l'armée française coupée, c'est-à-dire
que l'Empereur et son armée, restés sur la rive
droite de l'Elbe, auraient été obligés de chercher
un passage sur cette rivière. Heureusement que
les Autrichiens furent en retard de vingt-quatre
heures.

Les troupes françaises traversèrent l'Elbe
pendant toute la nuit et occupèrent les positions
autour de Dresde.

Le lendemain (27 août) de grand matin, la
grande bataille recommença. Dès le matin et
jusqu'à trois heures de l'après-midi, on se
canonna seulement de part et d'autre, à part
quelques combats sur les bords de l'Elbe. Dor-

rière les batteries autrichiennes on pouvait distinguer de grandes masses d'infanterie en ordre de bataille et de nombreux régiments de cavalerie.

On dit que le général Moreau commandait en personne les Autrichiens. Il se trouvait avec l'empereur Alexandre sur une éminence auprès du petit village de Rœcnitz. Un boulet tiré par une batterie française établie en face de cette hauteur enleva une jambe au général Moreau, qui mourut pendant l'amputation. La pluie tombait à torrents ce jour-là : ébranlés par le grondement des canons, les nuages versaient sans arrêter des déluges de pluie.

Je parcourus plusieurs fois le champ de bataille pour accomplir différentes missions; entre autres j'eus à porter une dépêche au roi de Naples, qui prit position avec sa cavalerie dans le faubourg de Friedrichstadt et dans la prairie d'Osterwiese. J'avais sur mes vêtements un manteau assez ample, qui fut traversé par des balles.

A trois heures de l'après-midi à peu près, le roi de Naples déboucha de Friedrichstadt à la tête de toute sa cavalerie et commença à charger les batteries d'artillerie et les colonnes d'infanterie ennemies. L'artillerie put s'enfuir, mais l'infanterie se forma en carrés pour nous recevoir. Mais la pluie avait tellement mouillé les amorces que pas un coup de fusil ne put partir, et notre cavalerie brisa les carrés l'un après l'autre. L'attaque du roi de Naples enveloppait toute l'aile gauche de l'armée autrichienne. Murat, vêtu d'un costume magnifique, tunique bleue à la polonaise avec brandebourgs d'or, chapeau galonné et garni de plumes, n'avait qu'une canne à la main et chargeait en tête de sa cavalerie. On peut dire que la cavalerie française a refoulé l'infanterie ennemie comme un troupeau de moutons vers le centre des Autrichiens, c'est à-dire vers Dippoldiswalde et Pirna.

Le reste des batteries autrichiennes se tut et quitta ses positions. Grossgarten était également abandonné par l'ennemi, qui se mit en retraite en désordre, poursuivi par la cavalerie et l'infanterie françaises.

On ramena à Dresde environ 15,000 prisonniers, dont beaucoup d'officiers et quelques généraux. Nous primes aussi beaucoup de drapeaux et de canons. L'Empereur rentra à Dresde à huit heures du soir; il était resté toute la journée à cheval et était tellement trempé par la pluie que la partie de derrière de son chapeau lui pendait sur le dos. Le vieux roi de Saxe le salua comme un sauveur, car le matin même on s'attendait à un désastre.

Dès le commencement de la déroute de l'armée autrichienne l'Empereur envoya, autant que je me souviens, mon camarade Roman Soltyk au général Vandamme avec l'ordre de se mettre en route en suivant les bords de l'Elbe et par Kœnigstein, et d'aller occuper les défilés entre Pirna et Peterswalde. Dans cet ordre, il était dit textuellement « de se tenir coi à Peterswalde, sans aller plus loin », afin de couper la route de Bohême aux Autrichiens.

On dit que, dans le même ordre, l'Empereur avait annoncé à Vandamme que le bâton de maréchal l'attendait à Tœplitz.

Le lendemain, l'Empereur se dirigea sur Pirna avec la garde, en envoyant en avant le maréchal de Saint-Cyr avec son corps pour venir en aide au général Vandamme ; de sorte que l'aile gauche autrichienne, chassée et poursuivie par Murat du côté de la frontière de Bohême, devait être menacée dans sa retraite par Vandamme, soutenu lui-même en arrière par Saint-Cyr, puis par l'Empereur et la garde.

Napoléon s'arrêta à Pirna pour y passer la nuit, et fit ralentir la marche pour donner le temps à Vandamme de couper la route à l'ennemi. Pendant la nuit (à Pirna), nous entendîmes dans le quartier impérial un mouvement et un bruit inaccoutumés. L'expression d'inquiétude des officiers et du service de l'Empereur indiquaient qu'il s'était produit un événement grave. M. Constant, que je connaissais bien, me dit que l'Empereur souffrait de maux de ventre et que de vives douleurs l'empêchaient de dormir. Le lendemain il était mieux et son entourage se tranquillisa, mais on reçut l'ordre de rentrer à Dresde, où l'Empereur revint également, en voiture. La garde restait à Pirna.

La maladie de l'Empereur dura peu, mais elle eut malheureusement une grande influence sur l'issue de la campagne.

Le maréchal Saint-Cyr, soit qu'il n'eût pas reçu d'ordres, soit qu'il ne voulût pas obéir, ne poursuivit pas sa marche en avant et s'arrêta sur la route. Le général Vandamme attaqua les Autrichiens et les Russes près de Kulm et les poursuivit vers Tœplitz, coupant la route aux détachements que Murat poursuivait de son côté.

Poursuivi sabre aux reins par le roi de Naples, le général prussien Kleist tombait sur l'avant-garde de Vandamme, justement à l'endroit où auraient dû se trouver les troupes du maréchal Saint-Cyr. Il y eut alors une panique dans les troupes françaises, attaquées également sur leurs derrières près de Kulm (30 août). Les troupes ennemies, s'apercevant du succès des

Prussiens, attaquaient les Français de front, venant ainsi en aide au général Kleist.

Le corps du général Vandamme, pris ainsi entre deux feux, fut battu, et les Autrichiens firent beaucoup de prisonniers, entre autres Vandamme lui-même, qui était blessé. Les alliés perdirent près de 30,000 hommes à cette affaire.

Ce désastre produisit un grand effet dans l'armée française.

Avec les troupes françaises engagées à la bataille de Kulm se trouvait un régiment de lanciers polonais commandé par le colonel Maximilien Fredro. Ce régiment, attaqué subitement dans le défilé, se rendit (1).

Sans la maladie de l'Empereur, au lieu de ce désastre de Kulm, on eût vu l'anéantissement de l'armée des alliés.

Quant au maréchal Saint-Cyr, quoiqu'il entendît parfaitement le son du canon, il ne bougea pas.

On a dit aussi que l'empereur de Russie et le roi de Prusse étaient déjà cernés et seraient tombés facilement aux mains des Français, car le général Vandamme leur coupait la retraite sur Tœplitz.

(1) C'était le 9ᵉ régiment de lanciers français, qui, à la vérité, comprenait un assez grand nombre de Polonais. (Note du traducteur.)

Si Vandamme s'était arrêté à Peterswalde, il n'eût pas été battu : *a fortiori* si Saint-Cyr l'avait suivi. Un événement insignifiant est parfois la cause de grands malheurs.

Voici un autre incident peu important, et qui a eu des suites fâcheuses pour les succès de Napoléon. Pendant le séjour de l'Empereur à Rœsnig, près de Neumarkt, où il s'occupait des préliminaires de l'armistice, un hangar voisin du quartier impérial prit feu. Avec ce hangar brûlèrent quelques fourgons de l'Empereur, que les fourriers y avaient abrités pour la nuit. Parmi les caisses brûlées avec les fourgons, il y en avait une pleine de décorations, épées, montres et tabatières d'une grande beauté. La perte fut évaluée à un demi-million ; l'or se fondit et l'on ne put en retrouver que la moitié à peine.

L'Empereur n'avait pas fait partir pour Paris ces objets de valeur, car son trésor avait déjà beaucoup souffert par les pertes de la campagne de Russie et les frais de réorganisation de l'armée. En partant pour la campagne de 1812, Napoléon avait laissé dans les caves des Tuileries cent millions de francs, mais ce trésor était déjà dépensé.

On ne sait pour quel motif, économie ou oubli, l'Empereur n'avait pas renvoyé ces objets précieux.

Les personnages de la cour, l'entourage et la suite des monarques connaissaient la générosité de Napoléon et savaient qu'à chacune de ses visites, et pendant qu'on traitait de la paix, ils étaient comblés de cadeaux. On espérait donc, quand l'armistice fut débattu, à Prague, où eurent lieu les conférences pour la paix, que des cadeaux assez riches seraient distribués, d'autant mieux que la situation de l'Empereur était différente : autrefois il parlait en vainqueur, cette fois il était déjà à demi vaincu.

Mais ni à Neumarkt pendant les débats sur l'armistice, ni à Prague pendant les conférences sur la paix, il ne fut donné de décorations ni de cadeaux.

Je ne crois pas qu'une distribution libérale de cadeaux eût pu avoir de grands résultats à ce moment, mais j'ai entendu dire à l'un des diplomates, qui eut un rôle actif dans les conférences de Prague, que les plénipotentiaires et leur suite étaient fâchés de ce manque de décorations et de cadeaux, et que ce fut une des causes qui empêchèrent la conférence d'avoir de bons résultats ; ces messieurs firent, au contraire, tout leur possible pour exciter leurs maîtres contre Napoléon.

L'empereur de Russie, par contre, prodiguait aux diplomates et aux états-majors autrichien et prussien les cadeaux précieux et les décorations.

Cette histoire de cadeaux ne fut pas la seule à diminuer l'influence de Napoléon sur la cour de Vienne; il y en eut une autre bien différente; la voici :

En partant pour la campagne de Russie, l'Empereur avait choisi Dresde pour s'y arrêter, et l'impératrice Marie-Louise l'y avait accompagné. En même temps s'y trouvait l'empereur d'Autriche François, accompagné de sa femme, l'impératrice Béatrice, troisième femme de l'Empereur et belle-mère de l'impératrice Marie-Louise. Pendant les fêtes qui furent données à Dresde, Napoléon céda toujours la première place à son beau-père et lui témoigna les plus grands égards comme père de sa femme, mais il donna l'ordre à Marie-Louise de garder le premier rang, c'est-à-dire de passer avant sa belle-mère. C'est ainsi qu'à toutes les cérémonies Marie-Louise entra et prit place avant l'impératrice Béatrice. Celle-ci s'en trouva humiliée, et de ce moment se mit à détester sa belle-fille et aussi son gendre Napoléon. Il n'y a pas de doute que cette femme n'ait joint son influence à celle des ministres, le comte Stadion et le prince Metternich, pour décider l'empereur d'Autriche son mari à se déclarer rapidement et ouvertement contre Napoléon. C'est là encore un exemple des résultats importants que peuvent amener des causes qui paraissent futiles.

J'ajouterai encore un détail sur la bataille de Kulm. L'Empereur fit des reproches au maréchal Saint-Cyr sur sa désobéissance, et lui dit que c'était sa faute à lui si le corps de Vandamme avait été battu. En effet, Saint-Cyr, à défaut d'avoir reçu l'ordre de suivre Vandamme, aurait dû se porter de suite à son aide quand il entendit le canon des Prussiens, étant donné surtout que ceux-ci n'étaient pas loin de ses avant-postes. En agissant ainsi, il aurait attaqué sans difficulté le corps du général Kleist, aidé au succès de Vandamme et même battu les Prussiens lui-même.

CHAPITRE VI

Quelques jours après la bataille de Kulm, l'Empereur revint à Pirna, et chemin faisant arriva à temps pour être témoin d'un combat d'avant-garde avec le régiment de hussards prussiens commandé par le fils du maréchal Blücher. L'escadron de chevau-légers polonais était justement de service d'avant-garde. Le colonel Blücher s'avança si loin en avant de son régiment qu'un maréchal des logis (1) le

(1) Il se nommait Wojciechowski.

saisit et le fit prisonnier. Ce sous-officier devait, par ordre de l'Empereur, recevoir la croix de la Légion d'honneur, mais le général Krasinski refusa de la lui donner, parce qu'il avait dépouillé son prisonnier de ses décorations et de sa montre.

M. Thiers (tome XVI, page 162) mentionne cette affaire, mais suivant son habitude de cacher les actions d'éclat des Polonais pour les attribuer aux Français, il dit que c'étaient les lanciers rouges de la garde impériale qui ont battu les hussards prussiens et fait prisonnier leur chef Blücher. J'étais témoin oculaire de cette action, et je peux affirmer que les lanciers rouges n'étaient pas là, et que ce sont les chevau-légers lanciers de la garde impériale qui ont si brillamment chargé. Je sais aussi le nom du maréchal des logis et je l'ai vu moi-même.

Presque au même moment l'Empereur recevait les plus mauvaises nouvelles de ses troupes de Berlin et de Liegnitz. Le jour même où l'on avait gagné la bataille de Dresde (27 août), le maréchal Macdonald était battu à Goldberg, sur la Katzbach, par l'armée de Silésie commandée par le maréchal Blücher, et le maréchal Oudinot venait, le 23 août, de perdre la bataille de Gross-Beeren contre le prince héritier de Suède, Bernadotte. Oudinot, qui était arrivé si près de Berlin qu'il en pouvait voir les murailles, fut obligé de rétrograder ; Macdonald perdit presque tout son corps d'armée.

Ce fut cette pluie torrentielle du 27 août qui avait été la cause du désastre des Autrichiens, qui fit aussi tant de mal au corps de Macdonald. Le maréchal avait pris position à Goldberg ; derrière lui coulait une petite rivière, la Katzbach. Ce ruisseau fut si démesurément grossi par la pluie et changé en torrent, ainsi que la Neisse, que le maréchal, attaqué par Blücher et forcé de rétrograder, trouva le pont enlevé par la crue et que son corps fut détruit. Beaucoup de soldats se noyèrent en traversant la rivière ; presque toute l'artillerie, les caissons, les fourgons tombèrent entre les mains des Prussiens. Le maréchal lui-même, avec un faible détachement de cavalerie, parvint avec peine à se sauver, et à atteindre Loebau, où se trouvaient Poniatowski et ses Polonais.

A la suite de ce désastre, l'Empereur fit passer toute l'armée de la rive droite de l'Elbe sur la rive gauche. En conséquence, le corps du prince Poniatowski avec les débris du corps de Macdonald traversèrent Dresde et allèrent à Altenbourg et Freibourg, sur la frontière de Bohême.

Je me rappelle que lorsque les « krakus »

traversèrent Dresde, ils emmenèrent avec eux quelques centaines de moutons; c'étaient des moutons élevés à Stolpen, Lohmen et autres endroits, et renommés pour la qualité de leur laine. Vers 1800, on avait fondé à grands frais ces établissements avec des moutons amenés d'Espagne. Quand les ennemis occupèrent toute la rive droite de l'Elbe, mes compatriotes jugèrent inutile de leur laisser tant d'excellents gigots. Cette prévoyance ne fut pas du goût des habitants de Dresde et des propriétaires de ces mérinos, qui vinrent se plaindre au roi de Saxe : celui-ci invita le prince Poniatowski à venir le voir, et lui donna l'ordre de faire rendre les moutons aux employés des établissements royaux d'agriculture. Autant que je puis m'en souvenir, on rendit les brebis et une partie des béliers, mais il en resta bon nombre chez les « krakus ». On reprocha au général Uminski d'avoir fait enlever ces moutons; il ne s'en défendit pas, et répondit qu'il aimait mieux les voir manger par les « krakus » que par les alliés.

Pendant mon séjour à Dresde, le prince Poniatowski avait demandé au roi de Saxe, pour moi et mes camarades Niegolewski et Suchorzewski, la croix du Mérite militaire polonaise (Virtuti-Militari). Le roi nous l'avait accordée; le prince nous l'annonça lui-même, mais les brevets ne nous en furent jamais délivrés, à cause des événements qui suivirent. A la vérité, je n'ai fait plus tard aucune réclamation à ce sujet, mais je suis sûr que les nominations ont été faites et se trouvent dans les archives royales. Le grand-duc Constantin fit imprimer plus tard, en 1815, à Varsovie, un état où sont portés les noms de tous ceux qui ont reçu la décoration « Virtuti-Militari » ; le mien s'y trouve, mais je n'ai pu obtenir le brevet, aussi n'ai-je pas porté cette décoration.

L'Empereur séjourna à Dresde jusqu'au matin du 3 septembre. Pendant ce temps, l'armée française empêchait l'ennemi de passer l'Elbe et gardait les routes de Bohême. Cependant quelques gros détachements des alliés réussirent à attaquer sur la rive gauche de l'Elbe des troupes françaises qui négligeaient de se garder.

Il faut bien dire que le grand défaut des Français était de ne pas bien se garder, surtout la nuit. Quand ils s'arrêtaient pour cantonner ou bivouaquer, à peine prenaient-ils la précaution de s'entourer de sentinelles et de vedettes ; ils s'occupaient surtout de leur estomac. Ils mettaient les fusils en faisceaux, construisaient des abris, se procuraient du combustible en démolissant les bâtiments et les barrières, cherchaient du fourrage et pillaient les maisons...

Les cosaques, qui connaissaient bien ces habitudes, se dissimulaient et choisissaient l'instant propice pour charger avec leur « Hourrah ! » habituel, attaquer le camp français où ils faisaient toujours beaucoup de mal, et revenaient avec des chevaux et des prisonniers, quelquefois après avoir encloué des canons, car les artilleurs étaient aussi très négligents.

Le prince Poniatowski se trouvait entre Zwickau et Freiberg. Le 23 septembre, il ordonna au général Sokolnicki, commandant un fort détachement de troupes polonaises, de balayer l'ennemi qui harassait son arrière-garde et arrivait jusqu'au camp. Sokolnicki apprit qu'un détachement important de cosaques de la garde occupait Altenbourg. Il s'approcha de la ville et trompa les cosaques par un stratagème, en les obligeant de le poursuivre jusqu'à une embuscade qu'il avait préparée.

Quoique très prudents, les cosaques se laissèrent tromper. Quand ils se furent suffisamment avancés dans la campagne, Sokolnicki tourna bride subitement, et les lanciers polonais qu'il avait fait cacher tombèrent sur les cosaques. (M. Thiers et d'autres écrivains attribuent ce combat au général Lefebvre-Desnouettes, en gardant toujours le silence sur les Polonais.)

Les lanciers polonais coupèrent la retraite sur Altenbourg aux cosaques; de cent quarante qu'étaient ces derniers, une partie fut tuée, le reste fait prisonnier, et on prit avec eux leur étendard, brodé par l'impératrice Catherine elle-même. Les cosaques de la garde étaient des hommes superbes, avec leurs tuniques rouges. Le lendemain, je traversai l'emplacement de ce combat et j'y vis encore plusieurs cadavres, presque tous nus, dont je remarquai la grande stature; une grande partie portaient la barbe, quelques-uns avaient la barbe et les cheveux blancs. Le général Sokolnicki envoya l'étendard conquis au prince Poniatowski, qui adressa de suite ce trophée au roi de Saxe, à Dresde, par son aide de camp Kamieniecki.

Mais l'aide de camp, assez imprudent pour faire confortablement son voyage en chaise de poste, tomba entre les mains d'un détachement de cosaques qui firent Kamieniecki prisonnier et reprirent comme de raison l'étendard qu'il portait.

Un autre événement bien extraordinaire arriva au même moment. Une patrouille de cavalerie polonaise arrêta une voiture de poste dans laquelle il y avait deux officiers : un colonel russe et un chef de bataillon français. L'officier polonais chef de la patrouille les con-

duisit tous deux au quartier du prince Poniatowski. Le Français déclara qu'il avait été pris
par les Russes près de Wittemberg, et que le
colonel russe pris en sa compagnie le menait à
Tœplitz au quartier général des souverains
alliés. Sur le colonel russe, on trouva des dépêches adressées à l'empereur de Russie.

Le prince Poniatowski décida d'envoyer le
lendemain à Dresde ces deux prisonniers, sous
la garde d'un lieutenant en premier de son état-
major, Jurgaszko (le même bien connu plus
tard comme major de la gendarmerie en Pologne
avant la révolution de 1831). Les deux officiers
arrêtés restèrent à l'état-major du prince toute
la soirée et y couchèrent. L'officier français
paraissait très content d'être délivré, racontait
comment il avait été fait prisonnier, indiquait
l'importance des dépêches portées par le colonel
russe; il avait certainement deviné que le prince
Poniatowski allait les envoyer à l'Empereur.
On remarqua seulement qu'il était très inquiet
de savoir si le prince avait jeté les yeux sur ces
dépêches, ou s'il les envoyait sans les déca-
cheter. Le lieutenant Jurgaszko reçut l'ordre de
surveiller les deux prisonniers, mais surtout le
colonel russe. Lorsque le chef de bataillon
entendit le mot « escorte », il interrompit, en
disant que ce n'était pas la peine et qu'il sur-

veillerait bien lui-même avec son collègue l'officier russe.

Ils partirent donc tous deux pour Dresde avec Jurgaszko; la route était complètement libre d'ennemis.

A la dernière ou avant-dernière station de poste avant Dresde, il n'y avait pas de chevaux, les Français ou les Russes les avaient pris. Jurgaszko descend au bureau de poste, demande au chef de bataillon, qui le lui promet, de surveiller le Russe, et se rend chez le bourgmestre pour lui demander de lui fournir une voiture attelée ou des chevaux frais pour sa voiture. Jurgaszko parlait assez mal l'allemand et ne savait pas mieux le français; mais, en tout cas, le chef de bataillon l'avait bien compris.

Après avoir obtenu des chevaux de poste, Jurgaszko revient vivement au bureau de poste, mais il ne retrouve plus les prisonniers, ni au bureau, ni dans la voiture. Il s'informe, et apprend qu'aussitôt qu'il s'est éloigné, les deux officiers se sont éloignés aussi, mais en sens contraire. Jurgaszko se mit à leur poursuite, mais sans réussir à les trouver.

Il perdit une demi-journée dans cette petite ville, multipliant ses questions, et finit par apprendre qu'on avait vu les deux officiers en question courir du côté de la forêt.

On peut s'imaginer l'embarras et la désolation du malheureux lieutenant! Il ne lui restait qu'à aller seul à Dresde : il avait heureusement dans sa poche les dépêches importantes prises au colonel russe, et une autre du prince Poniatowski.

J'étais justement de service au château royal, où l'Empereur avait établi son quartier depuis la reprise de la guerre, quand Jurgaszko s'y présenta. Ce lieutenant m'avait vu plusieurs fois à Zittau et ailleurs, et savait que j'étais Polonais. Il me prend à part et me raconte sa fâcheuse aventure.

Sans hésitation je prends les dépêches qu'il portait, et me présente au prince Berthier en lui expliquant brièvement l'affaire.

Le prince fait la grimace et porte les dépêches à l'Empereur. Au bout de quelques minutes, il se précipite dans le salon de service et tombe sur Jurgaszko, l'accable de reproches sur son extrême négligence, lui explique que ce chef de bataillon devait être un déserteur, etc... Il lui demande des détails, et je l'entends prononcer plusieurs fois le mot « imbécile »...

Jurgaszko reste comme paralysé, il pâlit et rougit à la fois, sans pouvoir prononcer une parole. Je viens au secours de mon camarade et compatriote et explique au prince qu'il ne se doutait pas que cet officier fût un déserteur, et que le prince Poniatowski lui-même l'ignorait, n'ayant pas décacheté les dépêches du colonel russe. J'excuse comme je pus devant le prince Berthier mon pauvre Jurgaszko, que l'Empereur, ainsi que je l'appris plus tard, avait ordonné de faire passer en conseil de guerre. Le prince Berthier me demande plusieurs fois si je connais bien Jurgaszko? si je suis convaincu qu'« il n'a pas une conscience suspecte? » Je l'assure que Jurgaszko est officier à l'état-major du prince Poniatowski, que je l'ai vu souvent, qu'il est entré dans l'armée par patriotisme à l'époque où nous étions encore en Lithuanie, que ne parlant pas couramment le français, il a pu ne pas bien s'expliquer, mais que sa principale faute a été d'accorder trop de confiance à l'officier français qu'il ne soupçonnait pas d'être un déserteur.

Le prince Berthier comprit bien alors la situation de Jurgaszko, mais il ajouta :

« Mais aussi pourquoi le prince Poniatowski confie-t-il une mission comme celle-là à un imbécile? »

Le prince Berthier ne voulut pas admettre que la même aventure eût pu arriver aussi bien au Français le plus intelligent. Ceux qui connaissaient Jurgaszko savaient bien que ce n'était pas un sot.

On a dit plus tard que ce chef de bataillon, qui avait appartenu à la garnison française de Wittemberg, n'était pas Français mais Suisse, et quittait l'armée française comme Jomini pour entrer au service de la Russie. On l'avait fait accompagner par le colonel russe pour le conduire à l'empereur Alexandre de Russie. Les dépêches remises à Napoléon paraissaient très importantes.

L'Empereur, informé que les armées ennemies traversaient l'Elbe et faisaient rétrograder vers Leipzig les maréchaux Oudinot et Ney, ainsi que d'autres détachements, ordonna la concentration de toutes ses forces auprès de Leipzig, d'autant plus que l'armée autrichienne hâtait sa marche vers cette ville.

Laissant à Dresde le corps du maréchal Saint-Cyr (à peu près 30,000 hommes), Napoléon se mit en marche vers Würtzen le 7 octobre, avec sa garde et d'autres troupes de ligne.

Il abandonnait par suite la ligne de l'Elbe.

Il restait à Dresde plusieurs familles polonaises; celles de Lithuanie se mirent en route pour Paris, mais celles qui restèrent pendant le siège de la ville par les alliés souffrirent beaucoup; plusieurs maladies se déclarèrent, entre autres la fièvre contagieuse, qui sévissait sur les malheureux habitants. Dresde regorgeait de

Français malades ou blessés, dont la plupart périrent pendant le siège. Le préfet de Kalisz, Gorczynski, mourut de la fièvre contagieuse.

Il semble que l'Empereur, en abandonnant certains pays, ait toujours eu l'espoir de les reconquérir par une bataille heureuse; autrement il n'aurait pas laissé en vain autant de ses troupes dans les places fortes en arrière de son armée. On est étonné cependant que convaincu que l'Autriche pourrait s'unir à la Prusse et à la Russie contre lui, il n'ait pas insisté en signant l'armistice sur la condition, très importante pour lui, que si la paix n'était pas conclue les garnisons de Modlin, Zamosc, Thorn et Dantzig (50 à 60,000 hommes au moins) pourraient traverser la Prusse pour rejoindre l'armée française. Les alliés auraient certainement cédé à cette exigence, car à ce moment les Prussiens étaient très effrayés de voir les troupes françaises si près de Breslau et de Berlin. Si l'Empereur eût posé cette condition, il pouvait augmenter son armée de troupes aguerries, car il n'y avait dans les places fortes que de vieux soldats, qui y restèrent pendant la retraite de Russie et y tinrent garnison. L'Empereur affaiblit encore ses forces parce qu'il fut forcé de laisser à Dresde, Wittemberg, Torgau, Magdebourg et Hambourg plus de 60,000 hommes. On peut compter qu'il y eut, immobilisés dans les places fortes, au moins 12,000 hommes, qui ne firent pas grand échec à l'ennemi, car ils ne pouvaient s'approcher de ses armées. Toutes ces places furent assiégées par des troupes de nouvelles formations, telles que la landwehr prussienne, les corps de volontaires russes et les hordes de Bachkirs, de Kalmoucks et autres tribus asiatiques.

L'armée française concentrée à Leipzig peut être évaluée à 160,000 hommes, celle des alliés à 360,000, sans compter pour ceux-ci les détaments de troupes irrégulières que je viens de mentionner.

Le roi de Saxe se retira aussi à Leipzig. Le trésor royal, le célèbre musée (Grünegewelbe), la galerie des tableaux (Kunstkammer) et toutes les précieuses collections des Auguste, rois de Pologne, qui faisaient la renommée de Dresde, avaient été, dès le premier départ du roi pour Prague, transportés à Königstein, forteresse assez importante, où ces trésors furent gardés et préservés des attaques des ennemis par une garnison peu nombreuse mais très fidèle.

Les troupes bavaroises, wurtembergeoises, badoises, westphaliennes et hollandaises étaient encore fidèles aux Français. Cependant, dans ces armées étrangères, il y avait beaucoup d'es-

prits montés contre les Français, et par suite
beaucoup de désertions ; mais, encore une fois,
toutes les troupes alliées aux Français se pré-
sentèrent devant Leipzig sous les ordres des
chefs de l'armée française.

Je me souviens que lors des missions que
j'eus à exécuter auprès de maréchaux et de
généraux qui avaient sous leurs ordres des
détachements allemands, j'écoutais (surtout à
la reprise des hostilités après l'armistice) les
conversations des officiers allemands, et je les
entendais déclarer que leur honneur et leur
conscience ne leur permettaient pas de continuer à se battre contre leurs compatriotes, et
de soutenir plus longtemps la domination française sur l'Allemagne. Cette raison était mauvaise, car pendant les campagnes de 1805, 1806
et 1809, les Bavarois, Wurtembergeois, Hollandais, Westphaliens et Saxons s'étaient battus
bravement contre les Prussiens et les Autrichiens. En réalité, c'étaient d'autres raisons qui
avaient excité les Allemands contre la France.

Sans démenti possible, il faut avouer que
l'autorité de Napoléon s'était exercée d'une
manière trop oppressive sur les nations allemandes. Depuis 1805 les troupes françaises
n'avaient pas quitté l'Allemagne, le théâtre de
la guerre et des opérations et marches de ces

trois campagnes avait été l'Allemagne. Cantonnements incessants, réquisitions de vivres, contributions en argent, etc., etc., étaient désastreux pour les habitants des villes et des campagnes. Le « système continental », en fermant tous les ports aux Anglais, élevait d'une manière excessive le prix des différents produits coloniaux et faisait baisser d'une manière extraordinaire celui de certaines productions du pays. Une livre de café, par exemple, a coûté 9 florins polonais. Il est vrai que les récoltes furent très bonnes de 1806 à 1812, car, bien qu'en 1812 les armées eussent traversé la Prusse, le duché de Varsovie et la Lithuanie, en gâchant et volant beaucoup, les dépôts et les magasins d'approvisionnements furent si abondamment garnis, grâce à ces quelques bonnes années, que l'on put subvenir facilement aux besoins des armées et des habitants.

Les Russes qui poursuivaient l'armée française trouvèrent encore presque partout les magasins bien approvisionnés, quoique les Français en retraite en eussent brûlé beaucoup. En un mot, il y avait assez de pain, mais l'argent manquait. Les contributions levées dans le duché de Varsovie étaient énormes. Il fallait toujours de l'argent pour organiser de nouvelles troupes, quoique les officiers et les soldats ne fussent pas payés régulièrement; seules les troupes polonaises au service de la France recevaient leur solde complète.

Les impôts étaient également excessifs en Prusse et en Autriche, car les gouvernements de ces deux pays eurent à payer les indemnités énormes exigées par Napoléon au moment des traités de 1805 et 1807. Lorsque les habitants se plaignaient de ces impôts écrasants, leur gouvernement s'excusait en leur répondant qu'il ne gardait rien pour lui de ces sommes, mais qu'elles étaient consacrées au paiement des indemnités exigées par Napoléon. Cette explication n'avouait que la moitié de la vérité. Les indemnités étaient payées depuis longtemps que les gouvernements autrichien et prussien continuaient à percevoir les mêmes impôts et à en amasser l'argent dans les caisses de leurs trésors, dans l'espoir que le moment arriverait pour eux de prendre leur revanche, et qu'il faudrait alors de l'argent pour la guerre. Les Prussiens et les populations de l'Autriche furent obligés de donner leurs biens pour satisfaire aux exigences de leurs gouvernements.

En Prusse par exemple, on imposa les revenus, les capitaux et tous les objets de luxe; on paya des contributions sur les biens, vrais ou fictifs, sur l'argenterie, et les églises ne furent pas exemptées d'impôts. Celui qui n'avait pas d'argent monnayé pour s'acquitter devait donner son argenterie au trésor, qui ne la prenait que pour la valeur de l'argent brut, sans tenir compte du travail. On enleva de la sorte aux églises catholiques pour plusieurs millions de thalers d'argenterie. On fut obligé de payer des impôts sur les charrettes, les voitures, les traîneaux, sur les chevaux, sur les chiens. Qui avait à son service un chasseur, un valet, un cuisinier, payait des impôts énormes, surtout si ses domestiques avaient une livrée. On saisit comme biens du trésor les propriétés et domaines appartenant aux couvents silésiens et qui leur avaient été spécialement réservés après la guerre de Sept ans par le traité avec l'Autriche. En un mot, tout ce qui put être pris quelque part, les Prussiens le prirent. Il en fut de même en Autriche.

Il n'est donc pas étonnant qu'en désespoir de cause, et en présence d'une situation aussi désastreuse, ces gouvernements aient essayé de reconquérir leur indépendance. Les charges qui les écrasaient et les humiliations subies par le roi de Prusse et l'empereur d'Autriche excitèrent à tel point les populations allemandes qu'elles n'avaient plus d'autre idée que la haine des Français et l'espoir de la vengeance.

En 1809 déjà, diverses sociétés secrètes s'étaient formées dans les universités allemandes, ainsi que parmi la jeunesse intelligente, sous le nom de « Tugendbunde ». Leur but principal était de provoquer la haine contre les Français et d'attirer l'attention sur les humiliations subies par l'Allemagne. Le gouvernement prussien encourageait ce mouvement, que les autres États allemands laissaient se propager en secret. Les centres de ces sociétés furent les loges des francs-maçons.

Napoléon était bien au courant de ces menées. Lorsqu'en 1809 le jeune Allemand Staaps fut arrêté à Schœnbrunn avant son attentat contre l'Empereur, celui-ci dit à son entourage : « C'est l'ouvrage des illuminés de détruire l'autel. » À l'armée prussienne, la vengeance était dans tous les cœurs, avec le désir de prendre une revanche de l'humiliation sans exemple subie par la Prusse en 1806. Le gouvernement prussien encourageait son peuple et flattait ses aspirations dans la mesure du possible. Les ministres Stein et Hardenberg réussirent à faire proclamer par leur roi des lois libérales et adopter divers adoucissements à la misère générale. En 1808, le servage fut supprimé, les paysans devinrent libres et toutes les castes de la société furent égales devant la loi ; chaque homme intelligent put devenir fonctionnaire ou officier dans l'armée. En 1811, les paysans furent reconnus propriétaires de leurs terres. Toutes ces mesures avaient pour but d'améliorer le sort des paysans; la noblesse, au contraire, qui possédait beaucoup de terres, en souffrit énormément, car le gouvernement fit peser les charges sur elle et la ruina, tandis que la classe des paysans s'élevait et s'enrichissait. La noblesse prussienne, nombreuse et riche avant la guerre de 1806, n'avait à souffrir que de la guerre et des garnisons françaises; les nobles et les propriétaires furent désormais obligés de supporter tout le poids de la guerre, de payer, de fournir fourrages et approvisionnements, non seulement pour leur compte, mais aussi pour celui de leurs paysans.

Le paysan, serf jusqu'en 1808, fut plus tard locataire de son propriétaire, c'est-à-dire qu'il tirait profit de son travail et de ses produits, moyennant la location de la terre qu'il cultivait. Toutes les charges de ces huit années (1806 à 1814) furent supportées uniquement par les propriétaires fonciers, car les paysans, n'étant pas propriétaires eux-mêmes et ne possédant rien, n'avaient rien à payer.

Comme complément de toutes ces réformes, le roi de Prusse promit à ses sujets, dans la proclamation publiée à Breslau sous le titre « An meinen Volk », la représentation du peuple auprès du gouvernement. En un mot, le roi et ses ministres firent tout pour exalter le patriotisme et développer la haine contre Napoléon et les Français.

C'est par ces moyens que le gouvernement prussien arriva à son but. Sans exagérer, on peut dire que la nation prussienne se levait tout entière. Quiconque pouvait manier un fusil entrait dans les rangs : l'armée prussienne régulière ainsi que la landwehr faisaient preuve du plus grand courage.

Quoique l'armée des alliés fût deux fois plus nombreuse, et en 1814, pendant la campagne de France, dix fois plus nombreuse que l'armée française, il faut reconnaître l'extraordinaire bravoure des soldats prussiens, non seulement dans les rangs, mais encore isolément. Si les Prussiens furent battus à Lützen, à Bautzen, à Dresde et dans quelques rencontres pendant la campagne de France, ce ne fut pas par manque de courage, mais à cause des immenses talents militaires de l'Empereur, qui était bien le premier et le plus grand chef d'armée connu dans l'histoire, et qui, avec des soldats jeunes, faibles et sans espoir dans le succès, sut combattre et vaincre des adversaires si supérieurs en nombre.

C'est là une assez longue digression, qui m'écarte de mon sujet, mais ces pensées et ces opinions me viennent à l'esprit malgré moi, ou plutôt sont réveillées par le souvenir des grands événements que je rappelle.

Je reviens donc à notre marche sur Leipzig. Avant de passer à la bataille de Leipzig, appelée avec raison la bataille des nations, car plus de vingt d'entre elles combattirent sur le même champ de bataille, je dirai quelques mots de la vie intime de l'Empereur au camp et pendant la marche.

Lorsque Napoléon montait à cheval pour quitter son quartier ou le bivouac, il était entouré de tout son état-major : le prince Berthier, les généraux aides de camp de l'Empereur, ses officiers d'ordonnance, et les officiers de l'état-major de l'Empereur, qui étaient, outre le prince Berthier, le général de division comte Monthyon, sous-chef d'état-major ; l'aide de camp du prince Berthier et les officiers adjoints à l'état-major général de l'armée.

A cinquante pas environ en avant de l'Empereur marchaient deux officiers d'ordonnance ; en avant d'eux, l'avant-garde était formée d'une douzaine de cavaliers d'un régiment de la garde pris dans l'escadron de service et commandés par un lieutenant.

En arrière, suivaient quatre escadrons pris dans chacun des régiments de la garde impériale, c'est-à-dire un escadron de chasseurs à cheval, un de chevau-légers polonais, un de dragons et un de grenadiers à cheval. Cette escorte était commandée par le général aide de camp de l'Empereur qui était de service.

La voiture de l'Empereur, les fourgons, les chevaux, les mulets de bât et les voitures de l'état-major suivaient l'escorte.

L'Empereur avait trois chevaux de selle favoris ; tous trois étaient de race arabe, pas grands mais sûrs et courageux ; l'un était noir, l'autre blanc et le troisième gris ; je ne me souviens pas en avoir vu monter à l'Empereur d'une autre couleur.

L'Empereur était vêtu comme le représentent ses portraits : habit frac vert, avec col et pattes rouges : l'habit était ouvert devant, laissant voir le gilet de piqué blanc avec des poches ; il avait une culotte de cachemire blanc, de grandes bottes et des éperons d'argent. Il portait par-dessus l'habit une redingote grise (civile). Le chapeau à deux cornes était garni d'une petite cocarde attachée par une ganse noire. Sur la poitrine la plaque de la Légion d'honneur ainsi que la croix en argent du même ordre et le ruban de la Couronne de fer : l'épée au côté complétait le costume. Pendant la campagne de Russie, l'Empereur porta une pelisse de zibeline, couverte en velours vert. La selle, à la française, en velours cramoisi, était garnie de galons et de franges d'or. En général, l'Empereur allait au pas ou au galop, bien rarement au trot.

Vers dix heures du matin, il s'arrêtait habituellement sur une éminence, près de la route, et on lui servait un peu de pain et de fromage, avec un gobelet de vin rouge ou un peu de cognac. Quelquefois il ne s'arrêtait pas et déjeunait tout en marchant.

Lorsque l'Empereur descendait de cheval pour se reposer ou manger, tout le monde mettait pied à terre également, et six ou huit cavaliers de l'escadron de service avec leur carabine, baïonnette au canon, l'entouraient à distance, ne permettant à aucune personne vêtue en civil de l'approcher. Les chevau-légers polonais avaient reçu aussi les mêmes carabines avec baïonnettes pour faire le service auprès de l'Empereur.

On marchait dans cet ordre jusqu'à l'endroit que l'Empereur avait fixé pour y passer la nuit.

Arrivé au quartier, on mettait des tables dans la chambre voisine de la chambre à coucher de l'Empereur, et souvent dans cette chambre même : sur l'une on étalait les cartes, devant les autres on installait les secrétaires. Sur les cartes on piquait des épingles à têtes rouges et noires pour indiquer les emplacements des troupes françaises et ennemies.

Le lendemain matin, avant le départ, on déplaçait les épingles d'après les rapports envoyés par les commandants de corps et les informations sur les positions occupées par l'ennemi.

L'Empereur dînait à six heures, quelquefois plus tard, mais jamais plus tôt. Le prince Berthier dînait toujours avec lui, quelquefois aussi un des adjudants généraux ou un maréchal s'il se trouvait au quartier général. Autrefois Duroc dînait toujours avec l'Empereur; le comte Caulaincourt, duc de Vicence, était aussi au nombre des convives, mais il était rarement au quartier général, étant habituellement chargé de missions de l'Empereur. Les généraux mangeaient séparément, séparément aussi les aides de camp et les officiers d'état-major. Sur toutes les tables, les plats et les gobelets étaient en argent.

L'Empereur mangeait peu et vite. Un dîner composé d'un potage, un plat de viande, un légume, rôti, fromage et de vin de Chambertin, suffisait à Napoléon. Il ne restait pas plus de dix minutes à table; après dîner, on lui servait du café noir qu'il aimait beaucoup.

Après dîner, l'Empereur se promenait dans la chambre et dictait au prince Berthier ses ordres ; le prince et les secrétaires prenaient des notes ; ces ordres étaient expédiés avant la nuit, mais ils étaient peu nombreux, car les plus pressants et les plus importants avaient été déjà expédiés dans la journée.

Peu après, l'Empereur se déshabillait et se mettait au lit.

Le lit de l'Empereur était en fer, entouré de rideaux blancs. Le lit et ses tentures, ainsi que la tente, étaient portés par des mulets.

Vers minuit, les dépêches des maréchaux et des commandants de troupes arrivaient au quartier général. On réveillait l'Empereur, qui se levait et prenait connaissance des dépêches. Ces rapports indiquaient à l'Empereur les changements survenus dans la position de ses troupes et de celles de l'ennemi. On déplaçait les épingles, et l'Empereur, étudiant la carte, donnait ses ordres, que les officiers mêmes qui avaient apporté des dépêches reportaient aux destinataires.

On ne nous envoyait que rarement en mission la nuit, quand il y avait à faire changer des ordres, par suite de nouvelles arrivées après leur expédition.

En général, nous couchions dans les pièces

voisines, sur des matelas, sur des bancs, ou simplement par terre, suivant les circonstances.

Une fois les ordres donnés, l'Empereur se recouchait et dormait jusqu'au matin.

J'ai entendu dire aux personnes de l'entourage de l'Empereur qu'il n'avait besoin que de très peu de sommeil; il s'endormait aussitôt couché et, quand on le réveillait, se levait avec l'esprit absolument lucide.

Il prisait beaucoup, mais secouait à terre la plus grande partie du tabac; sa tabatière, en or, était plate; quand il se promenait dans sa chambre, il la laissait ouverte sur la table et y puisait en passant.

De grand matin, il prenait une tasse de café noir, sans rien manger, et se mettait en route.

Tel était le train de vie quotidien de l'Empereur; bien entendu il en changeait quand il séjournait dans une résidence, ou quand il recevait de grands personnages.

Après la mort du maréchal Duroc, ce fut le général Bertrand qui devint maréchal de la Cour.

Le 3 octobre, le général Bertrand, ayant sous ses ordres les divisions Dombrowski, Reynier et Morand, battit complètement le maréchal prussien Blücher à Wittemberg.

Le 4 octobre, le maréchal Ney fut au contraire battu par les Prussiens à Delitsch.

Le 7, Napoléon se trouvait à Würtzen, et le 9, traversait Düben et arrivait à Eilenburg.

Le 10, Murat, roi de Naples, battait le général russe Wittgenstein près de Borna.

Le 13 octobre, marche en avant sur Leipzig : l'armée française avait à peu près deux cent mille hommes rassemblés autour de Leipzig.

Le 14, l'Empereur partait de Düben pour Leipzig ; le lendemain il passa la revue de troupes qui venaient d'arriver de France et remit des aigles à plusieurs régiments. Il coucha à Wachau, au bivouac, près du parc à moutons de la ferme de Mensdorf.

Les maréchaux qui se trouvaient là persuadèrent au prince Berthier et au comte Daru, intendant général de l'armée, de faire remarquer à l'Empereur la situation dangereuse de l'armée en cas de bataille perdue ; les hôpitaux étaient mal organisés, les munitions étaient insuffisantes, enfin les forces ennemies étaient deux fois plus considérables que les forces françaises. L'Empereur reçut mal ces observations et reprocha aux maréchaux leur manque d'ardeur pour soutenir l'honneur de la France, au moment d'une bataille si proche. Malheureusement aucun des maréchaux ne pensa à représenter à l'Empereur que ses alliés allemands allaient l'abandonner pendant la bataille, événement qui était facile à prévoir en voyant la conduite des chefs de ces troupes. L'Empereur eût sûrement changé ses plans.

L'armée française se concentrait de tous côtés autour d'Eilenburg.

Il y avait chaque jour de petits combats d'avant-garde. Pendant un de ces combats, le roi de Naples, attaquant vigoureusement suivant son habitude, fut reconnu par l'ennemi, et poursuivi par un grand nombre de cavaliers; il chercha son salut dans la fuite. Un officier prussien ou russe, monté sur un excellent cheval, pressait vivement le roi; mais en arrivant tout près de lui, il n'aperçut pas derrière lui-même un écuyer du roi qui galopait ventre à terre et transperça cet officier avec son couteau de chasse. Ceux qui étaient présents m'assurèrent que, sans cet écuyer, l'officier ennemi aurait sûrement tué Murat, qu'il tenait déjà à la pointe de son sabre.

CHAPITRE VII

Le 16 octobre, pendant la bataille auprès de Wachau, le prince Poniatowski s'était distingué par la charge de sa cavalerie. Les lanciers polonais du duché de Varsovie avaient fait prisonnier le général autrichien Meerfeld. Ce général fut conduit auprès de l'Empereur, qui conversa longtemps avec lui, car ils s'étaient connus pendant la campagne d'Italie.

L'Empereur espérait qu'en envoyant Meerfeld à l'empereur d'Autriche, il recevrait de son beau-père des propositions de paix; aussi lui rendit-il la liberté et l'envoya-t-il à l'empereur François avec une mission.

Le prince Poniatowski, informé de ce fait,

dit à l'Empereur : « N'y croyez pas, Sire, il ne reviendra pas ! »

Quand l'Empereur vit que Meerfeld ne reparaissait plus, il dit au prince Berthier : « Poniatowski a eu raison, Meerfeld ne revient pas. »

Le même soir, l'Empereur envoya au prince Poniatowski le bâton de maréchal de France. (

Le général Latour-Maubourg perdit une jambe à la bataille de Wachau.

M. Thiers, dans le tome XVI, page 565, annonce que ce n'étaient pas les lanciers de Poniatowski, mais les grenadiers de la garde commandés par le général Curial, qui firent prisonnier le général autrichien Meerfeld. C'est faux.

L'armée française, pressée par les ennemis, s'arrêta le 15 octobre près de Leipzig, dans une grande plaine, à peu près à une lieue de la ville.

Je ne mentionne ici qu'en passant les différentes missions que j'eus à remplir, de jour et de nuit, et presque sans repos, depuis le commencement de notre marche en quittant Dresde, ainsi que ma rencontre avec les avant-postes ennemis, qui me saluèrent de quelques coups de fusil. Les feux de bivouac causent de fréquentes erreurs, surtout la nuit, et empêchent de reconnaître le terrain. Le reflet des feux, les lumières, les allées et venues des gens, tout cela trompe beaucoup, et il faut une grande présence d'esprit pour retrouver la nuit le chemin qu'on a parcouru dans la journée, surtout si l'on a galopé à travers champs.

La journée du 16 octobre arriva, journée mémorable pour tout le monde.

L'armée française occupait les positions autour de Leipzig : elle avait encore avec elle les Saxons, les Bavarois, les Wurtembergeois, les Badois, les Westphaliens et le corps polonais.

Depuis le matin, le feu de l'artillerie tonnait des deux côtés. Je ne raconterai pas cette bataille; je ne le peux pas, car je n'ai vu que des combats partiels sur l'aile droite comme sur l'aile gauche, ainsi que les incidents qui se sont passés auprès de l'Empereur, qui s'était placé sur une hauteur, entouré d'un nombreux état-major. Je ne parlerai que des faits dont j'ai été le témoin oculaire.

A mille pas à peu près de l'Empereur, se trouvait une fabrique de briques. C'est là que le chirurgien en chef de l'armée, le célèbre baron Larrey, établit sa soi-disant ambulance, c'est-à-dire l'endroit où les blessés furent soignés. Des fourgons en amenaient de tous les côtés de nos lignes, surtout du centre. Vers le soir, j'ai vu près de cet emplacement un tas de jambes et de bras humains coupés, d'à peu près six pas de haut sur autant de largeur. Les cris et les gémissements des malheureux blessés étaient épouvantables. Plusieurs fois je dus passer auprès de cette ambulance, et j'ai toujours ce spectacle devant les yeux.

Le prince Poniatowski se trouvait à l'aile droite, près d'un grand fossé. Les canons tonnaient sur les hauteurs, les tirailleurs occupaient la plaine. Pendant la bataille, je fus envoyé à plusieurs reprises porter des ordres à différents corps d'armée.

Les troupes allemandes combattaient encore à nos côtés ce jour-là. L'ennemi n'attaquait pas, mais se contentait de répondre au feu de nos canons. Cette première journée de la bataille de Leipzig se termina sans aucun avantage pour l'armée française, qui garda seulement ses positions.

Le corps polonais perdit beaucoup de monde ; plusieurs de mes amis furent blessés : Kicki et Skorzewski, aides de camp du prince Poniatowski, Potworowski, aide de camp du général Uminski, et Wezyk, aide de camp du général Sokolnicki. L'autre aide de camp de ce général, nommé Lascorin, fut tué. Kicki, légèrement blessé, resta auprès du prince ; mais Skorzewski, qui avait une jambe broyée par un obus, fut ramené à Leipzig dans une brouette. Ce fut vraiment un miracle que le prince Joseph Poniatowski ne fût pas tué avec tout son entourage, car une vraie pluie de boulets de canon et de balles ne cessa de couvrir la place qu'ils occupaient.

Toute l'armée campa sur le champ de bataille. L'Empereur coucha à Leipzig. Le roi de Saxe, avec un détachement à pied de sa garde, chercha aussi un abri dans la ville.

Il est vraiment incroyable qu'un chef d'armée aussi célèbre, aussi prudent que l'Empereur ait choisi la plaine de Leipzig comme champ de bataille. Il avait derrière lui une grande ville, avec des rues très étroites et une rivière marécageuse, l'Elster, sur laquelle il n'y avait qu'un seul pont. Quant à construire d'autres ponts pour faciliter le passage, on n'y avait pas pensé. Une seule excuse peut atténuer cette faute : on avait ordonné à tous les bagages, aux convois de blessés, et à tout ce qui n'était pas nécessaire au combat, de se mettre en marche sur Weissenfels et Erfurt. Les prisonniers qui avaient été faits à la bataille de Dresde avaient été dirigés depuis longtemps vers la France, mais il y avait déjà des cosaques qui atta-

quaient les convois et délivraient leurs camarades. Combien n'ai-je pas vu sur les routes de
fourgons et de chariots de munitions brûlés
par les partisans qui se tenaient toujours hors
de notre portée. Pourtant encore, dans les
journées des 16, 17 et 18 octobre, les rues de
Leipzig étaient encombrées de voitures et de
bagages qui se traînaient péniblement.

J'avais à mon service deux domestiques dé-
voués et intelligents. Je leur avais donné
l'ordre de se tenir toujours avec les équipages
impériaux. Heureusement pour moi ils exécu-
tèrent ponctuellement cet ordre, et eurent le
temps de traverser Leipzig avec mes chevaux et
mes bagages. Quant à moi, je conservai le
même cheval pendant les trois journées de
cette grande bataille.

Le 17 octobre, on s'attendait à de nouveaux
combats. Les deux armées étaient sur leurs
positions, lorsque l'ennemi rétrograda un peu,
et la journée se passa sans incident sérieux. On
pouvait croire que de chaque côté on avait peur
de commencer le combat. Aucun des adversaires
ne voulut tirer le premier coup de canon.

L'ennemi avait une raison importante pour
agir de la sorte : il attendait l'arrivée du corps
du prince héritier de Suède (Bernadotte) et celle
du corps autrichien du général Colloredo.

Au soir, l'Empereur fit rapprocher l'armée de Leipzig, et lui fit occuper des positions plus concentrées.

Le 18 octobre, au point du jour, le canon des alliés commença à gronder; l'artillerie française lui répondit. En même temps, la défection des troupes allemandes, commencée la veille, devint un fait accompli. Toutes les troupes saxonnes et bavaroises passèrent à l'ennemi; l'artillerie saxonne tourna même ses canons contre nous si vite que le maréchal Macdonald et le général Reynier, qui avaient les troupes allemandes sous leurs ordres, furent obligés d'abandonner leurs positions et de ramener les restes de leurs détachements. Mon vieil ami et camarade Roman Soltyk, envoyé dès le matin aux Bavarois, fut arrêté par eux et fait prisonnier. Le reste de la journée fut occupé par la canonnade, et notre retraite sur Leipzig se fit sans obstacle. La canonnade et les feux de mousqueterie durèrent jusqu'à une heure avancée de la nuit, les projectiles tombaient autour de Leipzig de tous côtés.

Dans la nuit du 18 au 19, l'armée française se mit en retraite par Leipzig et Weissenfels. Le 19, vers 10 heures du matin, l'Empereur fit ses adieux au roi de Saxe et à la famille royale, et traversa Leipzig par la même rue étroite qui servait au passage de l'armée; cette traversée fut bien pénible, car la rue était encombrée par les voitures, les fourgons et l'artillerie.

Le roi de Saxe avait avec lui à Leipzig son aide de camp, le général Turno ; malgré les blessures qu'il avait reçues à la bataille de la Bérézina, cet officier n'avait pas quitté son service et tomba avec son maître le roi de Saxe au pouvoir des alliés, ainsi que le colonel Bleszinski et le général Paszkowski.

Pour moi, en me tenant à la suite de l'Empereur, je réussis à traverser le pont sur l'Elster. L'Empereur s'arrêta, descendit de cheval et entra dans une petite maison tout près et à gauche de la sortie du pont.

Je retrouvai là mes domestiques et mes chevaux, et j'avoue que j'en fus bien content. Je changeai aussitôt de cheval et j'attendis les événements.

Pendant ce temps les troupes françaises et l'artillerie traversaient le pont sans s'arrêter. Les coups de fusil et de canon grondaient toujours en se rapprochant de Leipzig.

Les corps du maréchal de Macdonald, les généraux Lauriston et Reynier, ainsi que les troupes du prince Poniatowski se trouvaient encore à Leipzig et en défendaient les faubourgs. Le général Dombrowski combattait héroïquement près du faubourg de Halle.

Le pont était de peu d'importance et n'avait qu'une seule arche; il était miné, ce qui n'était pas nécessaire. Sur une rivière aussi petite que l'Elster, sur laquelle on aurait pu jeter un pont de bois en une demi-heure, on n'aurait pas dû miner le pont de pierre, dont la destruction ne pouvait en aucun cas arrêter l'ennemi. Celui-ci, en effet, entourait la ville avec des forces tellement supérieures, qu'il eût pu passer la rivière soit à la nage, soit sur des ponts situés en amont ou en aval, et continuer sa marche sur Weissenfels pour nous barrer la route. Et c'est justement ce qui arriva.

J'ignorais que le pont fût miné. Je remarquai seulement un détachement de sapeurs avec un officier, tout près du pont.

A peine l'Empereur était-il entré dans la petite maison dont j'ai parlé, que le prince Poniatowski, monté sur son cheval noir, et accompagné seulement d'un officier dont le nom m'échappe et d'un ordonnance, arriva devant la maison.

Le prince me salua d'un mouvement de tête et me demanda où était l'Empereur. Je le lui indiquai. Le prince descendit de cheval et monta au premier étage, où se trouvait l'Empereur; j'attendais dans le couloir. Au bout d'un instant, il redescendit, reprit sa pipe que gardait son ordonnance et chercha du feu ; je m'en aperçus, et me précipitant dans la cuisine de la maison, je pris avec les pincettes un morceau de charbon incandescent et le mis sur la pipe du prince. Celui-ci me remercia gracieusement, en me disant : « Merci bien. Adieu ! Soyez heureux ! » Il remonta à cheval et traversa la foule pour rentrer à Leipzig. Le visage du prince était pâle, et on y lisait facilement une expression de tristesse et d'amertume ; mais son apparence était pleine de dignité et de résolution. Le prince Poniatowski portait ce jour-là l'uniforme de général polonais : pantalon gris à passe-poil cramoisi ; sur la poitrine la plaque de grand-croix de la Légion d'honneur et la plaque de grand-croix de l'ordre polonais « Virtuti militari » ; comme coiffure un czapska. Son ordonnance portait la pelisse garnie de fourrure qu'il avait enlevée pour entrer chez l'Empereur.

C'est la dernière fois que j'ai vu notre héros, et je suis heureux encore aujourd'hui de lui avoir procuré du feu pour allumer sa pipe.

L'Empereur avait confié au prince Poniatowski le commandement de toute l'arrière-garde ; il devait combattre en arrière assez longtemps pour que les troupes, les équipages encore assez nombreux et l'artillerie de réserve pussent traverser la ville et passer le pont. On dit qu'à ce moment l'Empereur s'exprima en ces termes sur le compte des maréchaux : « Ils sont tous démoralisés, hormis Poniatowski. » Après le départ du prince, l'Empereur remonta à cheval et prit la route de Weissenfels. Il n'avait pas fait une lieue dans cette direction qu'un officier lui apporta au grand galop la triste nouvelle que le pont de Lindenau sur l'Elster avait sauté, et que, par suite, la retraite de l'arrière-garde était coupée. Bientôt après cet officier, le général Lauriston et le maréchal Macdonald nous rejoignirent; ils avaient passé l'Elster à la nage, et nous annoncèrent que le prince Poniatowski avait été blessé et fait prisonnier. L'Empereur s'arrêta. Beaucoup de troupes, surtout d'infanterie, étaient passées, mais déjà dans un grand désordre.

Les généraux prince Sulkowski, Krukowiecki et Sokolnicki, et derrière eux beaucoup d'officiers rejoignirent l'armée après avoir réussi à traverser la rivière. La plupart étaient des officiers polonais, qui, voyant l'ennemi en pleine marche et lorsque la défense fut devenue impossible, firent tous leurs efforts pour rejoindre l'armée française.

Le comte Potocki, aide de camp du prince Poniatowski, nous avait été envoyé par le prince, qui le croisa sur la route; mais lorsque à son arrivée il apprit la nouvelle de la blessure et de la captivité du prince, il demanda à l'Empereur la permission de retourner auprès de son chef. Kicki, aide de camp du prince, tomba aussi aux mains de l'ennemi. Un autre aide de camp du prince, Szydlowski, eut le corps traversé par une balle. Skorzewski, blessé pendant la bataille du 16, comme je l'ai mentionné, était dans un lit à Leipzig. Il ne restait donc auprès du prince aucun de ses aides de camp, hormis un officier de son état-major, le capitaine Blechamps.

Plusieurs de nos généraux, blessés et prisonniers, restaient à Leipzig. Lorsque le général Uminski, fait prisonnier, fut conduit au maréchal Blücher, il le salua cordialement; ils se connaissaient depuis 1806, époque à laquelle ils jouaient souvent ensemble aux cartes à Berlin, car tous aimaient beaucoup les cartes. Le général Gneisenau, chef d'état-major prussien, voyant Blücher tendre la main au général Uminski, le lui reprocha en ces termes :

« Wie können Ihre Excellenz dem durch seine tolle Streicke so bekantem Uminski Ihre würdige Hand reichen (1) ? »

Uminski lui répondit avec sa présence d'esprit habituelle.

(1) « Comment Votre Excellence peut-elle tendre sa main loyale à cet Uminski, si connu par ses incartades? »

L'aide de camp du général Uminski, Édouard Potworowski, avait été aussi blessé à Leipzig, comme je l'ai dit plus haut, et s'y trouvait dans la même chambre que ce pauvre Skorzewski. Ces deux officiers n'étaient pas très aimés à l'état-major du prince Poniatowski. On jalousait beaucoup Skorzewski, qui était aide de camp du prince. La jeunesse polonaise intriguait beaucoup auprès du prince, qui avait, malgré tout ce qu'on pouvait lui dire, de la faiblesse pour ses anciens amis. Grâce à son courage et à sa manière exacte de servir, Skorzewski, avant d'être aide de camp de Poniatowski, avait eu la même situation auprès du général Fiszer, chef d'état-major de l'armée polonaise ; il avait fait toute la campagne de 1812 avec ce général, qui fut tué au combat de Winkowo. Le prince voulut aussi prendre pour aide de camp Potworowski : c'était un bel homme ; on savait qu'il était entré dans l'armée polonaise contre le gré de son père, et, quoique blessé à Smolensk, n'avait pas voulu rentrer chez lui. Plus tard, en 1817, son père voulut le faire entrer dans l'armée prussienne, mais il refusa. Son service auprès du général Uminski était très dur. S'il n'arriva pas, ce fut à cause de sa vanité et de la violence de son caractère. Lorsqu'il parlait des campagnes auxquelles il avait pris part, il disait :

« Je ne sais pas ce que c'est que la peur. Je ne connais pas ce mot, ce sentiment. » C'était le refrain quotidien de Potworowski, une vraie fanfaronnade, car Napoléon, qui certainement s'y connaissait en courage, répétait souvent : « Un soldat qui dit qu'il n'a jamais eu peur est un fanfaron et un menteur. »

Potworowski était un bon officier, mais pas plus que les autres; il n'eut jamais d'action d'éclat à son actif. Il a fait son devoir en officier plein d'honneur, exactement comme l'ont fait ses camarades.

Cette vanité et cette vantardise ne le quittèrent jamais, aussi ne l'aimait-on pas.

Il a servi plus tard dans l'armée polonaise, de 1815 à 1827, sans pouvoir dépasser le grade de capitaine. Il était devenu ridicule et dut démissionner. Une fois, à une soirée chez la princesse Zajonczek, on jouait aux petits jeux et l'on donnait des gages. On demanda à Potworowski :

« Que voudriez-vous avoir fait dans votre vie? »

Il répondit avec exaltation :

« Je voudrais avoir sauvé la patrie. »

La princesse Zajonczek lui répliqua ironiquement :

« Les oies ont bien sauvé le Capitole! »

Ce n'était pourtant pas un sot. Il est vrai qu'il n'avait fait que peu d'études, mais ce n'était pas un sot. Il était toujours homme d'honneur. Personne ne voulait jouer aux cartes avec lui, car il se mettait toujours en colère. Il n'avait jamais de duels, parce qu'il savait très bien les éviter, quoiqu'il se posât en chevalier sans peur.

Mais revenons à la retraite de Leipzig.

Dans l'entourage de l'Empereur on recevait à chaque instant les nouvelles les plus sinistres, et enfin nous apprîmes avec douleur la mort du prince Poniatowski : blessé plusieurs fois, il était entré dans l'Elster, débordé sur ses rives marécageuses, et y avait trouvé la mort avec son officier d'état-major Blechamps.

Nous fûmes informés aussi que l'officier du génie qui avait reçu l'ordre de faire sauter le pont quand nos troupes l'auraient traversé et à l'approche de l'ennemi, s'était éloigné en laissant son commandement à un sergent. Les tirailleurs prussiens ou russes s'étaient faufilés par les jardins jusqu'aux approches du pont et commencèrent à tirer sur les sapeurs : à ce moment les troupes françaises se battaient encore à Leipzig et autour des portes de la ville. Les sapeurs du génie, voyant ces tirailleurs ennemis tout près d'eux, crurent le moment arrivé de mettre le feu à la mine et firent sauter le pont. Celui-ci détruit, ils suivirent l'armée.

La nouvelle de la destruction du pont arriva à Leipzig comme un éclair, et ce fut un vrai sauve-qui-peut dans l'armée française. Ce n'était plus une retraite, mais une horrible débandade. Les obus et les boulets qui pleuvaient sur la ville augmentèrent encore l'affolement. En même temps, les troupes ennemies cernaient Leipzig et coupaient la retraite aux Français. Presque toutes les troupes françaises restées à Leipzig furent faites prisonnières, plus de vingt mille hommes, et avec eux beaucoup de canons, de caissons, de voitures, etc.

Voilà la fin de cette bataille de trois jours, vraie bataille des nations.

D'après les écrivains allemands, on a tiré 75,000 coups de canon : on en avait tiré 71,000 à Wagram. L'armée française comptait 120,000 hommes, sans compter les Saxons, les Bavarois et autres qui nous trahirent. Pendant la journée du 18 octobre, l'ennemi comptait, avec les troupes auxiliaires qui lui étaient arrivées, 350,000 hommes. Deux mille canons vomissaient la mort des deux côtés. Les alliés ont perdu au moins 100,000 hommes.

L'ennemi nous attaqua pendant notre marche près de Weissenfels, mais notre avant-garde mit nos adversaires en déroute, et nous entrâmes à Erfurt sans obstacle.

CHAPITRE VIII

Il était vraiment pitoyable de regarder les débris de l'armée polonaise, dont le prince Sulkowski prit le commandement. Sept ou huit aigles provenant de divers régiments d'infanterie étaient escortées de quelques centaines de soldats et d'officiers. L'armée polonaise, forte encore de quelques milliers d'hommes, en dehors des troupes polonaises de la garde impériale, de la légion de la Vistule et des troupes commandées par le général Dombrowski, n'était pas contente et se plaignait beaucoup. Je ne sais où étaient ces deux derniers détachements, je ne les ai pas rencontrés pendant notre retraite de Leipzig : ils marchaient probablement sur une autre route que nous.

Au milieu des troupes polonaises, généraux, officiers et soldats, il régnait alors plusieurs courants d'opinions, et on agitait divers projets. Les uns exposaient que le roi de Saxe, qui était en même temps notre duc de Varsovie, était prisonnier, que le chef de notre armée était mort, qu'il n'y avait plus d'espoir pour nous de rentrer en armes dans notre patrie et de reconquérir son indépendance, et concluaient que les troupes polonaises devaient cesser de marcher en avant. Ils ajoutaient que l'armée polonaise avait suffisamment affirmé son dévouement et sa fidélité à l'Empereur, en l'accompagnant jusqu'alors et en combattant pour lui, qu'on ne voyait pas la nécessité de suivre l'Empereur jusqu'au Rhin et même au delà, et de verser ce qui restait du sang des braves qui avaient échappé à la mort. Enfin, on déclarait que l'honneur de l'armée polonaise était sauf, et qu'il fallait épargner la vie de nos si braves compatriotes.

D'autres disaient au contraire qu'il n'était pas digne d'abandonner l'Empereur tant qu'il se trouverait encore en pays ennemi, et que si tous les Polonais (10,000 hommes environ) l'abandonnaient, leur défection pouvait compromettre l'armée française, et être la cause d'un désastre encore plus grand pour l'Empereur.

Enfin, tous les Polonais convinrent de ne pas quitter l'Empereur sans lui avoir communiqué leurs pensées, sans avoir obtenu son consentement et pris congé de lui. Malheureusement, beaucoup d'officiers polonais restaient dans leurs quartiers ou quittaient les rangs. A chaque instant on apprenait le nom de quelqu'un de ceux-là. Je ne veux pas citer les noms dont je puis encore me souvenir.

Cependant le prince Sulkowski réunit le corps des officiers, et leur annonça qu'il partageait l'avis général; le chef de l'armée étant mort, le roi prisonnier, les Polonais ne devaient plus marcher; mais, ajouta-t-il, il n'était pas digne d'abandonner l'Empereur dans son malheur, et surtout en secret; par conséquent, celui qui resterait en route ou se ferait prendre volontairement par l'ennemi serait considéré comme déserteur. Le prince finit son discours par les mots suivants : « Je déclare, et je vous en donne ma parole d'honneur, que je ne passerai pas le Rhin, mais je vous supplie de ne pas quitter l'Empereur avant d'être arrivés au Rhin. »

Les officiers promirent avec acclamations de

suivre le conseil de leur nouveau chef, et acceptèrent que le prince Sulkowski informât l'Empereur de cette décision. Sulkowski vit l'Empereur le 21 octobre à Weissenfels, et lui présenta
les désirs de l'armée polonaise. Les chevau-
légers de la garde n'avaient pas pris part à
cette réunion, mais seulement les troupes qui
avaient été sous les ordres du prince Poniatowski.

L'Empereur reçut le prince Sulkowski avec
cordialité, fit l'éloge de la bonne volonté et
de la fidélité de l'armée polonaise, et dit à
Sulkowski qu'à la première occasion, il répondrait lui-même aux Polonais. Depuis lors, la
tranquillité revint dans les rangs, personne ne
resta plus en arrière, et ce petit corps de braves
Polonais marcha tout entier en bon ordre avec
ses aigles.

Le 27 octobre, l'Empereur, passant sur la
chaussée non loin de Schlüchtern, rencontra le
corps polonais. Il s'approcha et demanda à l'un
des officiers de l'arrière-garde si c'étaient bien
les Polonais. Sur sa réponse affirmative, Napoléon quitta la chaussée, fit arrêter le corps polonais et fit appeler tous les officiers pour former
le cercle autour de lui : c'est là qu'il leur fit
l'allocation suivante : « Messieurs les officiers
du corps polonais, j'apprends que vous voulez

me quitter. Je vous engage à ne pas le faire. Je n'ai plus besoin de vous, mais vous avez encore besoin de moi. Vous viendrez en France, vous y serez reçus en frères et en amis, vous vous y reposerez de vos fatigues. Vos braves et loyaux services seront récompensés. Je vous ferai équiper et réorganiser complètement. Malgré mes échecs, je suis encore un des plus puissants souverains de l'Europe. Je vous donne ma parole que je ne ferai pas la paix sans garantir votre rentrée honorable dans votre patrie. » Je reproduis ce discours de mémoire; je l'ai dans mes papiers avec plus de détails; mais sur les points essentiels, il était conforme à ce que je rapporte.

Michel Oginski, dans son ouvrage : *Mémoires sur la Pologne et les Polonais de 1788 à 1815* (vol. IV, p. 173), reproduit un discours de l'Empereur bien plus long, mais moins exact.

M. Thiers en parle d'une façon différente. Dans le *Manuscrit de 1813* (vol. II, p. 459), il mentionne seulement que l'Empereur rencontra le général Dombrowski et eut avec lui une longue conversation, qu'il parla ensuite avec les autres personnalités militaires polonaises, et que les Polonais déclarèrent qu'ils ne l'abandonneraient pas. Ce n'est pas vrai. Tout s'est passé comme je l'écris. J'étais là, et je me rappelle parfaitement bien le résumé de ce discours. Et ce résumé s'est gravé nettement dans ma mémoire; la manière de parler de l'Empereur était pleine de bienveillance, et son visage plein de ce charme qu'il savait si bien employer quand il voulait captiver quelqu'un.

A peine l'Empereur avait-il terminé, que les cris de « Vive l'Empereur! » sortirent de toutes les bouches. Les soldats polonais, entendant les acclamations de leurs officiers, répétèrent trois fois avec enthousiasme : « Vive l'Empereur! » L'Empereur salua les Polonais avec son chapeau et poursuivit sa route.

Mais le prince Sulkowski annonça qu'il tiendrait sa parole et ne passerait pas le Rhin. On le pressait beaucoup de continuer à marcher et de suivre ses compatriotes, car il était aimé et estimé, mais il resta immuable dans sa décision et garda le silence.

Quatre jours après la bataille de Leipzig, le 23 octobre, le roi de Naples Murat partit d'Erfurt pour Naples. Déjà la veille, 22 octobre, près d'Ollendorf, il avait eu pendant la nuit, aux avant-postes autrichiens, une entrevue secrète avec le général autrichien comte Mier: il marchanda et négocia pour conserver sa couronne, n'ayant pas confiance en son beau-frère Napoléon. Celui-ci fut informé de cette conférence secrète et comprit que Murat allait le trahir.

Le roi de Naples, avant son départ, conféra des décorations de l'ordre qu'il avait créé à Naples à quelques officiers polonais, notamment à ceux qui appartenaient à l'état-major du prince Poniatowski. Le prince Sulkowski reçut le grand cordon de cet ordre, Casimir Potulicki et les autres reçurent la croix. Murat aimait et estimait beaucoup le prince Poniatowski, et regrettait sincèrement la mort du chef que tous nous adorions.

Le 21 octobre, un combat s'engagea au passage d'Uenstruth près de Fribourg. On fut obligé d'y abandonner beaucoup de blessés; les Prussiens et les Autrichiens y reprirent 6,000 de leurs prisonniers.

L'armée française arriva le 23 à Erfurt, mais elle n'avait plus que 70,000 hommes en état de se battre, le reste se composait de maraudeurs. L'ennemi nous suivait avec 140,000 hommes.

Le 26, nous passâmes la nuit à Wach; le 27, à Hunfeld; le 28, à Schüchtern, et le 30 eut lieu la bataille de Hanau. Le 1er novembre, nous étions à Francfort, le 2 à Hochst et à Mayence; le 7, l'empereur partit pour Paris.

L'armée se retirait donc, par Erfurt et Fulda, jusqu'à Francfort-sur-le-Mein; notre arrière-garde n'était pas inquiétée par l'ennemi; les cosaques se tenaient sur nos flancs, mais à distance de nous. Quand ils apercevaient des troupes polonaises, ils appelaient nos soldats : « Viens chez nous, Polonais, viens prendre un verre d'eau-de-vie avec nous. »

Il arriva qu'un chevau-léger lancier de la garde impériale fut placé en vedette, non loin de la grand'garde. Des cosaques arrivèrent, descendirent de cheval, plantèrent leurs lances en terre et s'approchant des Polonais les invitèrent à venir prendre de l'eau-de-vie avec eux. Quelques officiers acceptèrent l'invitation. Les cosaques, très contents, les régalèrent. Un des anciens cosaques leur dit en polonais : « My nie choczem z wami dratsia, tolko fraucuzow nam podawaj. » (Nous ne voulons pas nous battre avec vous, seulement abandonnez-nous les Français). Les cosaques craignaient nos chevau-légers et les évitaient, tandis qu'ils cherchaient à attaquer les chevau-légers lanciers hollandais, qui appartenaient aussi à la garde impériale et étaient commandés par le général comte Colbert. Ce régiment était fastueusement habillé, avec les « kurtka » rouges à col et revers noirs, de la même coupe que ceux des Polonais. Les Hollandais avaient toujours peur des cosaques, et le général Colbert était furieux de voir ses lanciers s'enfuir à chaque charge. Les cosaques appelaient les Hollandais « krasna rebiata » (enfants rouges), et les attaquaient partout; le général Colbert fut si mécontent de ses lanciers qu'il pria l'Empereur de lui donner un autre commandement.

Notre marche se poursuivit sans incident; nous allions tranquillement par étapes. Je ne me souviens pas que nous ayons été attaqués quelque part. J'ai déjà dit que les cosaques nous escortaient sur nos flancs; ils nous observaient et cherchaient l'occasion de faire quelques attaques.

Je me rappelle bien qu'un jour, pendant que les cosaques se trouvaient à peu de distance du régiment des chevau-légers lanciers polonais de la garde, un officier de cosaques, monté sur un cheval superbe, s'avança et invita quelques chevau-légers à venir se mesurer avec lui. Un fossé assez large et un champ d'environ mille pas le séparaient de la chaussée. Le capitaine des chevau-légers, Skarzynski (il me semble qu'il n'était pas encore chef d'escadrons) répondit à cette provocation, s'avança vers le cosaque, le provoqua aussi, en lui demandant de passer d'abord le fossé. L'officier de cosaques sauta le fossé et tomba sur Skarzynski, qui était connu pour sa force extraordinaire et son courage. Les

adversaires croisèrent leurs sabres, mais Skarzynski donna soudain un tel coup de sabre sur
la tête du cosaque qu'il le renversa de son
cheval. Il s'empara alors du superbe coursier
qu'il ramena, aux acclamations de tout le régiment. On lui offrit des sommes considérables de
ce cheval, qui était vraiment beau. Une autre
fois, Skarzynski, chargeant avec son escadron,
poursuivait un officier ennemi qui montait un
cheval beaucoup plus rapide que le sien, et se
maintenait toujours à une certaine distance en
avant. Voyant que son ennemi allait facilement
lui échapper, il lança sa lance sur son adver-
saire avec une telle force qu'il le perça de part
en part, et le fit tomber roide mort. Pendant la
campagne de France, à Berry-au-Bac, Skarzynski se distingua si vaillamment que l'Empereur lui donna un titre de baron avec une dotation.

L'Empereur passa la nuit dans le château du
prince Isemburg, aux environs de Gelnhau-
sen (1). Le prince Isemburg était encore ou
avait été colonel dans l'armée française. Une
grande forêt de chênes, appelée Lambagwald,
nous séparait de la ville de Hanau.

L'armée bavaroise, commandée par le général

(1) Le 29 octobre.

Wrède, venait d'arriver à marches forcées pour couper la route à l'armée française.

On dit que le roi de Bavière, Maximilien-Joseph, par reconnaissance pour l'Empereur qui l'avait élevé au rang de roi et avait agrandi notablement ses États, ne voulait pas consentir à cette ingratitude envers son bienfaiteur, surtout au moment où Napoléon avait le dessous. Le roi de Wurtemberg et le duc de Bade écrivirent à l'Empereur en s'excusant qu'ils n'étaient pas en état de s'opposer aux exigences de l'Autriche et des alliés, et qu'ils étaient forcés de se déclarer contre lui.

Le général Wrède, malgré toutes les faveurs dont l'Empereur l'avait comblé, insistait pour le combattre, soutenu par l'esprit des troupes et des habitants de la Bavière, unis dans la même haine des Français avec tous les Allemands. Ils appuyaient Wrède dans son désir d'humilier Napoléon et de chasser les Français d'Allemagne. Il est bien certain que si l'armée bavaroise s'était mieux retranchée et défendue, elle eût constitué facilement un obstacle sérieux à la retraite de l'Empereur sur Mayence et sur le Rhin, surtout si les alliés eussent en même temps prononcé une attaque vigoureuse sur les derrières de notre armée. Mais, comme je l'ai dit, l'ennemi nous suivait mollement, et sa cavalerie légère nous faisait seule, en quelque sorte, une « escorte ».

Pourtant le général Wrède nous barrait la route, et lorsque notre avant-garde arriva à la forêt, les boulets bavarois se mirent à pleuvoir sur elle, brisant les grosses branches qui tombaient sur nous et ne nous laissaient avancer qu'avec difficulté.

Le 30 octobre, l'Empereur traversa la forêt, et après avoir pris position en arrière, fit attaquer les Bavarois par l'artillerie de la garde (général Drouot), puis par l'infanterie et la cavalerie.

Les grenadiers de la vieille garde s'avancèrent et renversèrent à la baïonnette les lignes de l'infanterie bavaroise. Ils perdirent beaucoup de monde en faisant leur devoir, et faillirent même perdre leur drapeau, le même que l'Empereur embrassa plus tard au moment des adieux de Fontainebleau. Le drapeau fut sauvé grâce à la bravoure du capitaine Dubois, qui le voyant en danger s'élança pour le défendre avec une poignée de braves grenadiers. La cavalerie de la garde donna également. Le régiment des chevau-légers polonais exécuta plusieurs belles charges, en particulier sur les batteries bavaroises.

Le prince Dominique Radziwill était major et

commandant en second de ce régiment depuis la retraite de Russie. Il avait commencé la campagne de 1812 comme colonel du 8ᵉ lanciers du duché de Varsovie, et était entré le premier avec son régiment à Wilna. C'était un homme excellent et très brave, très bon officier, qui mérita l'estime et l'amitié sincère de tous ceux qui le connurent. Il fut blessé et contusionné pendant qu'il chargeait à Hanau à la tête de son régiment; quelques jours après il était mort. C'était le dernier représentant de la branche aînée de ces célèbres princes Radziwill, seigneurs de Nieswiez.

Plusieurs officiers du même régiment furent tués ou blessés; parmi ces derniers était un lieutenant Wasowicz; il fut atteint par cinq éclats d'obus, dont l'un lui perça la bouche; les autres ricochèrent sur diverses parties de son équipement. Je l'ai vu plus tard à Paris. Toutes ses dents avaient été brisées; pendant longtemps on ne put le nourrir qu'avec des aliments liquides, bouillons, etc.; enfin il guérit complètement.

Les Bavarois furent battus et obligés de se retirer et de laisser libre aux Français la route de Francfort.

Pendant cette bataille, l'Empereur, voyant la position défectueuse qu'avait choisie Wrède,

avec la rivière de Kintzig derrière lui, s'écria :
« Pauvre Wrède, j'ai pu en faire un comte, mais je n'ai pu en faire un général ! »

Quant à moi, je perdis dans cette bataille une jument alezane. L'Empereur m'avait envoyé porter un ordre à un régiment de la garde. En traversant le champ de bataille, un boulet de canon tua ma monture, ou plus exactement enleva à la pauvre bête deux jambes, une de devant, une de derrière. Mon cheval tomba; lorsque je m'aperçus qu'il ne m'était rien arrivé à moi, je regardai mon pauvre compagnon avec ses deux jambes brisées, sans me rendre compte de ce qui s'était passé, car je le voyais essayer encore de se relever. Je lui ôtai sa selle et sa bride, et en portant ce harnachement, je me dirigeai du côté où était l'Empereur, mais avec peine, car ma chute me faisait boiter. En voyant mon accident, les officiers d'état-major me crièrent de laisser là mon cheval sans le desseller et de revenir à la hâte. Je ne compris pas leurs appels et fis comme je voulais.

On m'a dit ensuite que les boulets de canon tombaient habituellement l'un après l'autre au même endroit, et on avait peur qu'un autre survînt qui m'emportât. Le boulet qui tua mon cheval devait venir d'un ricochet, car en le débarrassant de son harnachement je n'en vis pas tomber d'autre.

Ne sachant où trouver mes domestiques, et ne pouvant porter plus longtemps ma selle avec ses fontes et son portemanteau, je me couchai à bout de forces au pied d'un grand chêne. La pluie tomba pendant la nuit et le froid commençait déjà à se faire sentir. A peine m'étais-je endormi que je me réveillai avec une douleur atroce dans la jambe jusqu'à la hanche. J'eus bien de la peine à me lever et à me traîner jusqu'à la route pour chercher mes gens. Je les trouvai heureusement; je pris un autre cheval, traversai Hanau et me mis en route pour Francfort.

L'Empereur punit Hanau en permettant à ses troupes de piller la ville, car les habitants s'étaient joints aux Bavarois pour tirer sur les Français. Ce pillage finit par la confiscation des vivres et des boissons trouvés dans la ville. L'infanterie trouva quelque chose à manger, mais le pillage fut de courte durée, car le jour même l'Empereur entra à Francfort.

Les canons bavarois, postés sur l'autre rive du Mein, tirèrent sur nous jusqu'à Francfort, sans nous causer beaucoup de mal.

La ville de Francfort reçut avec bienveillance et humanité les blessés français. Aussi l'Empereur, pour la récompenser, fit fermer et garder par ses troupes les portes de la ville, pendant que l'armée en faisait le tour pour marcher directement sur le Rhin.

L'Empereur prit son quartier dans le château de M. Bethmann, dans un faubourg de Francfort. C'est là que le prince Sulkowski, reçu par Napoléon, lui rendit compte qu'il avait donné à ses camarades sa parole d'honneur de ne pas repasser le Rhin, et que par suite il était obligé de prendre congé de lui. On dit que l'Empereur voulut combattre les scrupules de Sulkowski en lui disant qu'il ne devait pas abandonner ses compatriotes, mais le prince fut inébranlable dans sa résolution, et fit ses adieux à l'Empereur : il resta à Francfort avec son aide de camp Zbijewski.

Dans le corps polonais on reprocha beaucoup sa retraite à Sulkowski ; on vint le prévenir que tous les officiers le déliaient de son serment ; mais le prince répondit qu'il n'avait pas donné sa parole sans mûres réflexions, et qu'il voulait la tenir. C'est avec beaucoup de douleur qu'on lui dit adieu, car il était aimé et estimé par toute l'armée polonaise. Sulkowski avait commandé pendant la campagne de Russie l'avant-garde du prince Poniatowski et s'était distingué comme un bon chef plein d'honneur et de courage.

Pendant le séjour à Francfort, notre état-major fut disséminé, et le service ne marcha pas comme d'habitude. Les officiers français étaient un peu démoralisés, mais nous autres Polonais, jamais.

Quoique très fatigué et presque malade, je me rendis à l'état-major voir s'il n'y avait pas d'ordres à recevoir. A peine entré au salon de service, je vois le prince Berthier, une dépêche à la main, cherchant « un officier de service ». Quand j'étais entré au salon, il n'y avait ni aide de camp, ni autre officier. Le prince m'aperçoit et me demande :

« — Êtes-vous de service?

— Non, Monseigneur, lui dis-je.

— Que venez-vous faire ici?

— Je viens demander s'il n'y a pas d'ordres à recevoir.

— Ah! voilà qui est bien! Tenez, allez de suite chez le duc de Reggio, qui commande l'arrière-garde, et portez-lui cet ordre. C'est important! »

Et me voilà encore une fois en route. Je traverse avec peine l'armée en retraite, et presque mort de fatigue après avoir galopé toute la nuit, je trouve le duc de Reggio près de Hanau.

Mais le prince Berthier ne m'a pas oublié après cette mission.

Le 1ᵉʳ novembre, nous passâmes le Rhin et entrâmes à Mayence, c'est-à-dire en France. Toute l'armée traversa le Rhin tranquillement, de telle sorte qu'après le 1ᵉʳ novembre il ne restait pas un soldat français de l'autre côté de la frontière (1).

L'Empereur séjourna à Mayence jusqu'au 8 novembre; c'est de là qu'il fixa les emplacements où devait se rendre chaque corps de troupe. Les débris des régiments polonais furent envoyés à Sedan, où se rendirent aussi un grand nombre d'officiers polonais. Le dépôt de la légion de la Vistule se trouvait depuis longtemps dans cette ville.

Je ne sais pas où furent envoyés les régiments de cavalerie polonaise, commandés par les colonels Kurnatowski et Siemontkowski, ainsi que les « krakus ». J'ai vu souvent notre cavalerie et notre infanterie, surtout à la bataille d'Arcis-sur-Aube, mais je ne me rappelle pas où était

(1) Dans les forteresses en dehors de la France les garnisons françaises et polonaises étaient les suivantes :

A Modlin, 3,000 hommes; à Zamosc, 3,000; à Dantzig, 28,000; à Cüstrin, 4,000; à Stettin, 12,000; à Hambourg, 40,000; à Wittemberg, 3,000; à Magdebourg, 25,000; à Dresde, 30,000; à Torgau, 26,000; à Erfurt, 6,000; à Würtzbourg, 2,000. — En tout 190,000 des meilleurs et des plus braves soldats, parmi lesquels 10,000 Polonais et 20,000 Allemands.

stationnée notre cavalerie, et où elle se réorganisa après le passage du Rhin. La garde impériale retourna à Paris, et le régiment de chevau-légers lanciers polonais à Chantilly, où il avait son dépôt.

L'Empereur se fit présenter la liste des officiers et soldats qui méritaient des décorations et de l'avancement. Ceux qui étaient en captivité ne reçurent rien; comme le dit le vieux proverbe français : les absents ont toujours tort.

Profitant de la bonté du général Monthyon et de sa bienveillance pour moi, je le priai de faire obtenir la croix de la Légion d'honneur à mon camarade et ami d'enfance Héliodore Skorzewski. Le général me le promit et me donna à Paris une lettre d'avis de la promotion de Skorzewski, mais avec le nom de cet officier tellement estropié qu'on pouvait à peine le reconnaître.

On nomma chefs d'escadrons Rejtan, Niegolewski et moi; Fredro, Jelski et Suchorzewski reçurent la croix de la Légion d'honneur.

Niegolewski n'était plus avec nous depuis la bataille de Leipzig; en exécutant une mission pour le prince Berthier, Niegolewski avait eu son cheval tué sur le champ de bataille, et sa chute l'avait tellement contusionné qu'il crachait le sang. Il avait été grièvement blessé à la tête par plusieurs coups de sabre et de baïonnette à la bataille de Somo-Sierra, en Espagne, en 1808. Lui seul, quoique affreusement blessé, sauva son escadron, qui se distingua brillamment à cette bataille. Il reçut la croix d'officier de la Légion d'honneur de la main de l'Empereur lui-même. En ce moment, il était obligé de rentrer en voiture à Paris, où il se soigna jusqu'à la paix.

Le prince Berthier annonça aux officiers polonais, au nom de l'Empereur, que celui-ci était content de nous.

Berthier, ainsi que beaucoup d'autres Français, ne pouvait se rappeler nos noms. Quand il rentra au salon de service, où nous le remerciâmes des faveurs dont on nous avait comblés, il me regarda, et se tournant vers le général Monthyon. « Cet officier là-bas, dit-il, ce jeune homme à nez retroussé, car j'oublie leurs noms, a-t-il été récompensé, car il a bien servi? »

Le général Monthyon répondit que j'avais été nommé chef d'escadrons.

« Ah! c'est bien », dit le général Berthier en me saluant en même temps de la tête.

Je dois faire remarquer que je n'avais aucune protection auprès du prince Berthier ou du général Monthyon, comme nos camarades français qui appartenaient à de grandes familles influentes. Ma carrière si rapide et mon avancement, je ne les ai dus qu'à ma conduite et à la diligence que j'apportais à l'accomplissement de mes devoirs. Je suis sûr que c'est grâce aux prières de ma mère que le bon Dieu m'a fait obtenir ces faveurs et a préservé ma vie dans ces campagnes si pénibles.

Les Français nous estimaient, surtout après le passage du Rhin, car nous ne donnâmes jamais lieu à aucune plainte contre nous, et aucun des officiers polonais de l'état-major ne demanda de faveur.

Les officiers français de l'état-major général, au contraire, avaient des exigences continuelles, avancements, décorations, changements de service. En outre ils se disputaient entre eux, s'insultaient, se dénonçaient même auprès du général Monthyon ou du prince Berthier.

Ils étaient jaloux de nous, car le prince Berthier nous distinguait; mais ils étaient les premiers témoins de notre conduite et de notre activité dans le service.

Lorsque nous causions entre nous en polonais, ils s'imaginaient toujours que nous parlions d'eux, surtout quand ils entendaient le mot « Francuz » (Français). Pour éviter cette méprise, lorsque nous parlions de quelqu'un d'entre eux ou des Français en général, nous nous servions de deux mots pour remplacer le mot Français : « Mazur ou Mazury (1). »

Le prince Berthier, comme marque de faveur, donna l'ordre à Rejtan et à moi de l'accompagner à Paris. Nous reçûmes notre solde, arriérée depuis quelque temps, ainsi que les indemnités pour nos chevaux perdus.

L'état-major resta encore quelque temps à Mayence, puis il se transporta à Metz.

(1) Mazur, Mazury au pluriel : en polonais, c'est l'habitant de Varsovie et des environs.

CHAPITRE IX

Mon camarade Rejtan et moi séjournâmes à Paris jusqu'au 24 janvier 1814. Quoique n'étant pas de service, nous pouvions rester dans les salons du prince Berthier, et aussi dans ceux des Tuileries, surtout les jours de fêtes. La cour de l'Empereur était superbe.

La France cependant était épuisée, non en argent, mais en hommes. On voyait tellement peu d'hommes que dans les boutiques parisiennes, c'étaient les vieillards et les femmes qui s'occupaient des affaires. La France avait donné son dernier effort au retour de Russie de l'Empereur, et il ne restait plus personne à prendre pour le service militaire. Les jeunes gens de dix-sept et dix-huit ans furent forcés de prendre les armes : c'étaient pour la plupart des enfants, petits et faibles. Quelques régiments de dragons, rentrés d'Espagne, vieilles et braves troupes, renforcèrent la cavalerie.

On s'occupa de réorganiser les quatre régiments de gardes d'honneur, dont j'ai déjà parlé. Au mois de juin 1813, quand ces régiments quittèrent la France, ils comptaient huit à dix mille hommes ; il n'en restait maintenant qu'à peine la moitié, quoiqu'ils n'eussent pris part à aucune bataille.

Je me rappelle bien un maréchal des logis de gardes d'honneur, un beau garçon, pâle et éclopé, se traînant péniblement sur la route, en tenant en main son cheval tellement blessé par la selle que ses plaies infectaient l'air à plusieurs pas. Je marchais à côté de ce jeune homme, et remarquant ses traits nobles et intéressants, j'eus pitié de lui et engageai la conversation. Il me dit qu'il grelottait de fièvre, qu'il n'avait rien mangé depuis le matin (c'était le soir), qu'il ne pouvait se servir de son cheval à cause de ses plaies et de sa fatigue, et finit en me disant qu'il était de Mayence. Il me fit pitié, et comme nous approchions de l'endroit où nous devions passer la nuit, je dis à ce jeune sous-officier de rester auprès de mes domestiques, que je lui montrai. Une fois arrivés, je le régalai d'un bon souper et lui donnai une place pour se coucher. Il ne garda avec lui que ses armes et son portemanteau. Il rentra avec nous à Mayence sous ma protection : là, il fit ses adieux à mes domestiques et disparut. Au bout de trois ou quatre jours, pendant notre séjour à Mayence, je reçus la visite d'un jeune homme très bien vêtu d'habits civils, qui me serra les mains et me remercia de lui avoir sauvé la vie : je reconnus mon pauvre garde d'honneur. C'était le fils d'un riche négociant de Mayence. Son père voulut faire ma connaissance et me fit demander quand il pourrait me trouver, toute sa famille voulait également me fêter et me témoigner sa reconnaissance, mais j'étais à la veille de notre départ pour Paris et je dus les remercier.

On pouvait comparer notre retraite de Leipzig à celle de Russie; seulement le temps était beau. Les jeunes troupes organisées en 1813 étaient très démoralisées. Une grande partie des officiers étaient de jeunes Saint-Cyriens ou des élèves de Saint-Germain qui venaient de recevoir leur nomination.

L'Empereur ordonna aussi la formation de quelques escadrons d'« éclaireurs de la garde », qui furent attachés aux régiments de cavalerie de la garde. Je ne sais quelle fut la raison qui les fit créer, car les régiments de cavalerie n'étaient pas même complets. Les chevau-légers de la garde reçurent un escadron de ces éclaireurs, composé uniquement de Polonais. Il me semble que c'était le major Dautancourt qui les commandait.

Encore un détail rétrospectif sur Dresde. Pendant son séjour à Leipzig, l'Empereur fit ordonner au maréchal Saint-Cyr de faire sauter les fortifications de Dresde et de marcher par Torgau, Wittemberg et Magdebourg sur Hambourg et de là de revenir en France avec le maréchal Davout; mais cet ordre n'arriva pas au maréchal Saint-Cyr, le courrier ou l'officier qui le portait ayant été fait prisonnier. Avec les troupes réunies de ces deux maréchaux, l'Empereur aurait disposé d'un renfort de près de cent mille hommes, qui, certainement, aurait sauvé la France. Le maréchal Saint-Cyr avait eu lui-même cette pensée et chercha à la mettre à exécution, mais il manqua de décision. Il capitula le 11 décembre, en stipulant que la garnison pourrait rentrer libre en France. Mais dès qu'il fut sorti de Dresde avec ses troupes, il fut informé que les monarques alliés refusaient de ratifier la capitulation, et il fut obligé de mettre bas les armes.

Étant à Paris, je vis l'Empereur se rendre au Corps législatif et au Sénat, pour faire un discours dans le but de réveiller le patriotisme des Français pour la défense des frontières. Son discours, quoique beau, ne fit pas grande impression. On commençait déjà à tramer des complots contre Napoléon. Des personnages tels que Talleyrand, Fouché et d'autres encore conspiraient contre le pouvoir de l'Empereur et pensaient déjà au retour des Bourbons. Les anciens républicains se réveillaient et demandaient une Constitution. En un mot, il n'y avait pas unité de vues, pas d'enthousiasme, ni dans le Sénat, ni dans le Corps législatif. Il n'y avait que l'armée dont l'esprit était toujours bon.

Des écrivains malveillants s'étonnent souvent des dissensions qui régnaient en Pologne et les reprochent aux Polonais. Qu'ils jettent donc les yeux sur la France, où les partis, les intrigues, les conspirations, la corruption et la trahison minèrent l'unité et l'accord du pays! Nous méprisons à juste titre nos grands seigneurs qui recevaient des pensions des ennemis de la patrie; que dire de la France de 1814 où les grands dignitaires trahirent leur Empereur et leur patrie, et même de la France d'aujourd'hui? La France a essayé tous les modes de gouvernement et n'a jamais été contente d'aucun. Les dissensions intestines n'ont pas été particulières à la Pologne, on les retrouve partout.

A cette époque la nation française était bien malheureuse, harassée d'aussi longues guerres qui épuisaient et dépeuplaient le pays. Le commerce maritime était nul, l'industrie peu prospère, mais on souffrait surtout du manque de bras pour le travail.

L'Empereur fit les efforts les plus énergiques pour chasser l'ennemi, qui avait déjà franchi le Rhin sur plusieurs points; malheureusement il pouvait à peine mettre en bataille soixante mille hommes. Les meilleures troupes étaient dans les places fortes de l'Allemagne, et il fallait laisser une armée pour défendre le midi de la France; l'Empereur n'avait par suite qu'une trop faible armée pour battre ses adversaires.

Le vice-roi d'Italie envoya bien à Lyon quelques troupes de renfort; mais il fut obligé avec le reste de son armée de résister aux Autrichiens qui débouchaient en Italie. En Espagne, en même temps, le duc de Wellington poursuivait les maréchaux Soult et Suchet vers les Pyrénées. Eux aussi avaient trop peu de troupes pour faire une résistance sérieuse.

Attaqué ainsi de trois côtés, l'Empereur se décida à tenter encore le sort des armes pour rejeter l'ennemi au delà du Rhin.

En même temps avaient lieu à Francfort des conférences, auxquelles prit part le comte de Caulaincourt; mais ces conférences n'étaient que duperie de la part des alliés, qui ne pensaient pas du tout à la paix.

Les alliés comptaient sur leur supériorité numérique, et savaient bien que tôt ou tard ils devaient vaincre Napoléon.

Le 25 janvier 1814, l'Empereur quitta Paris; le 26 au soir, il rejoignit à Châlons le grand quartier général.

Pendant cette campagne, l'entourage de l'Empereur se composait des personnages suivants : les aides de camp généraux Drouot, Flahaut, Corbineau et Dejean ; le général Bertrand remplaçant le comte de Caulaincourt en mission auprès des monarques alliés; les officiers d'ordonnance Gourgaud, Mortemart, Montmorency, Caraman, Lariboisière, Gretet, Laplace, Lamezan et Dessaix ; le chambellan, comte de Turenne ; le maréchal des logis du palais Canouville ; l'écuyer Mesgrigny ; le premier secrétaire, baron Fain ; le topographe Bacler d'Albe ; le médecin en chef Yvon ; les secrétaires, MM. Jouanne, Rumigny et Lelorgne d'Ideville ; les topographes

Athalin et Lameau; les fourriers de la cour Jonghloedt et Deschamps; les valets de l'Empereur Constant, Pelart et Hubert; le mameluck Roustan; le piqueur Jardin et le maître d'hôtel Colm.

Il y avait en outre les généraux aides de camp polonais Pac et Kossakowski et l'interprète de l'Empereur Wasowicz.

Le 27, l'armée marcha sur Vitry; l'Empereur donna l'ordre au maréchal Victor, duc de Bellune, d'attaquer l'ennemi à Saint-Dizier.

Le 29, nous arrivions près de Brienne, où se trouvaient Blücher et les généraux Lanskoy, Olsouffiew, Pahlen et Sacken. Un détachement du corps du maréchal Ney se précipita sur Mézières où Blücher finissait justement de dîner; il eut à peine le temps de se sauver. Tous ses bagages, ses équipages, les cartes qui étaient sur les tables, tombèrent aux mains des Français, ainsi qu'un gros paquet de croix de fer destinées à l'armée prussienne. Les Français se partagèrent ces croix; pour ma part, j'en reçus une que je garde toujours comme souvenir.

L'Empereur attaqua Brienne, où l'ennemi s'était fortifié; la ville fut brûlée; on se battit dans les jardins, dans les chambres mêmes du château. L'Empereur passa la nuit à Mézières.

Pendant que l'Empereur rentrait de Brienne

à Mézières, les cosaques qui nous harcelaient toujours tombèrent sur lui et son état-major. C'était par une soirée très obscure. Les cosaques déchargèrent sur nous leurs carabines et leurs pistolets, dont les balles sifflaient autour de nos têtes; quelques officiers en reçurent dans leurs chapeaux et dans leurs vêtements. Le général Lefebvre-Desnouettes, commandant des chasseurs à cheval de la garde impériale, chargea les cosaques avec l'escadron de service et les repoussa, mais il fut blessé. Le colonel Gourgaud, officier d'ordonnance, sauva l'Empereur du coup de lance d'un cosaque qui, grâce à l'obscurité, s'était tellement rapproché de nous qu'il commençait à piquer les officiers autour de l'Empereur.

Le lendemain, l'Empereur rentra à Brienne, quand notre infanterie eut réussi à chasser les Russes des jardins du château et du château lui-même.

Blücher avait passé la nuit au château; le matin, dès que les Français en commencèrent l'attaque, il s'enfuit.

Les historiens prussiens disent que cela s'est passé de la sorte; mais du côté des Français on n'en savait rien, car les Russes occupaient le château et tiraient par les fenêtres. C'est à ce moment que le prince Berthier m'envoya à

Brienne, pour y préparer le quartier de l'Empereur aussitôt le départ de l'ennemi. Quand j'arrivai, on tirait encore dans les jardins, mais le château était dégagé. Je fus obligé d'y monter à travers les cadavres russes : toutes les vitres étaient brisées, les chambres avaient leurs murs criblés de balles, on avait tout pillé.

J'entrai dans la bibliothèque, pièce longue et ovale, garnie d'armoires sur toute la hauteur. Tout était sens dessus dessous. Le parquet et les tables étaient jonchés d'animaux empaillés, grenouilles, serpents, aigles, et de monstres extraordinaires, parmi lesquels un enfant à deux têtes ; le cabinet d'histoire naturelle était dans un état pitoyable. Cette scène de destruction me surprit ; en même temps j'étais saisi par une violente odeur d'alcool et de camphre. Les bocaux étaient vides ou brisés, le liquide qu'ils avaient contenu renversé à terre. Les livres, les cartes, les gravures, les globes et les divers instruments de physique, tout ce qu'on avait trouvé dans cette bibliothèque, gisaient pêle-mêle avec les débris de verre et les monstres.

Pendant qu'en présence de cette dévastation je réfléchissais à la manière d'exécuter mes ordres, je vis sortir d'un coin un vieux monsieur, qui, en entendant parler français, venait d'oser se montrer. Il commença à me raconter, en levant les bras au ciel, que les alliés avaient pris le château d'assaut l'avant-veille, et l'avaient mis dans l'état où je le voyais; s'apercevant que ces bocaux brisés contenaient de l'alcool, ils en buvaient tant qu'ils pouvaient et en remplissaient leurs gourdes. Le vieux monsieur ne pouvait comprendre que les soldats alliés ne fussent pas empoisonnés, car les animaux et les monstres qui étaient dans les bocaux contenaient beaucoup d'arsenic.

J'avais avec moi quelques soldats de Neuchâtel qui faisaient le service d'ordonnances auprès du prince Berthier. Avec leur aide, celle du vieux monsieur et d'une bonne, nous jetâmes par la fenêtre tous ces monstres et remîmes un peu d'ordre dans la bibliothèque. Nous ne trouvâmes pour l'Empereur qu'une chambre dont les vitres ne fussent pas brisées.

L'Empereur arriva bientôt, précédé de quelques officiers. Quand il apprit l'usage que les soldats alliés avaient fait de l'alcool où l'on conservait ces monstres, il répéta à plusieurs reprises : « Oh ! les cochons ! oh ! les cochons ! » Il parcourut le château, visitant chaque pièce et chaque recoin, et choisit enfin une petite chambre dont toutes les vitres étaient cassées. Cette chambre lui rappelait probablement quelque souvenir de jeunesse. L'Empereur causa avec le vieux monsieur, qui était le concierge du château, et lui serra la main avec bienveillance.

On dit que l'Empereur vit avec beaucoup de chagrin l'incendie de Brienne. Dans le testament qu'il fit à l'île de Sainte-Hélène, il laissa 100,000 francs pour les habitants de Brienne et ceux des villes et villages qui avaient souffert le plus pendant la campagne de 1814.

Le lendemain 31, eut lieu la sanglante bataille de la Rothière : on se battit toute la journée, et le résultat paraissait nous être favorable, quand le soir, lorsqu'il fit bien sombre, une masse de cavalerie ennemie se jeta sur notre infanterie. A peine échappâmes-nous à un désastre. L'Empereur se mit à la tête de la garde, et, trois fois, il fit attaquer à la baïonnette l'infanterie ennemie qui suivait la cavalerie. Il était près de minuit quand on cessa de tirer. Nous ne nous arrêtâmes pas cette fois sur le champ de bataille; notre armée fut forcée de marcher toute la nuit vers Troyes, où nous trouvâmes un fort détachement de la vieille garde qui arrivait de Paris.

Nous restâmes à Troyes jusqu'au 6 février. Une agréable surprise m'attendait dans cette ville, mais pour la faire comprendre il faut que je dise quelques mots de ma famille. J'étais né en 1791 : j'avais l'âge de trois ans quand des émigrés français, victimes de la sanglante révolution française, vinrent dans notre pays, et, parmi eux, beaucoup de membres du clergé. Quelques milliers de ces pauvres proscrits se trouvaient en Allemagne et chez nous. Ils avaient été d'abord en Bavière, mais l'apparition des armées françaises dans ce pays les força à s'enfuir plus loin, c'est-à-dire en Prusse et en Pologne.

La maison de ma mère (mon père était mort en 1792) devint l'asile le plus important de ces malheureux. Ayant été bien accueillis, ils en firent part à leurs amis, et nous eûmes souvent à la fois plus de quarante de ces ecclésiastiques.

Ma mère, femme extrêmement pieuse et pleine de bonté et d'intelligence, étudiait le caractère et les qualités de ces messieurs. En même temps les propriétaires polonais nos voisins cherchaient les moyens de secourir ces pauvres émigrés. Ma mère se chargea de secourir les ecclésiastiques en les envoyant dans des familles polonaises comme précepteurs. Elle en garda un chez elle pour le charger de mon éducation.

Quelques-uns de ces prêtres n'étaient que de simples curés de campagne, d'autres des professeurs de diverses écoles ; ils n'étaient donc pas égaux au point de vue de l'intelligence; mais on doit reconnaître que leur conduite à tous fut excellente. C'étaient tous d'honnêtes gens, très pieux, et donnant les meilleurs exemples.

Celui qui demeurait chez ma mère avait à cette époque près de quarante ans; il venait d'Arcis-sur-Aube et était curé d'une petite ville de Champagne, après avoir été professeur dans un lycée de Troyes. Cet abbé resta avec moi jusqu'en 1807; à ce moment il fut rappelé par son évêque et rentra à Troyes.

A mon arrivée dans cette ville, je me mis à la recherche de mon ancien précepteur, qui s'appelait M. l'abbé Mechou. On me montra sa maison. Ce vénérable vieillard, alors âgé de soixante ans, me reconnut : on peut s'imaginer combien notre rencontre fit plaisir à tous deux. Je passai avec lui plusieurs heures agréables.

Il faut maintenant que je donne quelques dates : le quartier général s'établit le 26 janvier à Vitry, le 28 à Montier-en-Der, le 29 à Mézières, le 30 à Brienne; le 1er février eut lieu la bataille de Brienne; le 2, la bataille de Rosnay, le quartier général était ce jour-là à Piney; il fut porté le 3 à Troyes, où nous nous reposâmes jusqu'au 5 février.

Le 6, il s'établit à Hameau-des-Grès, près de Nogent; le 7 à Nogent, le 9 à Sézanne, le 10 à

Champaubert, où Marmont fut battu par les Russes ; le 11 on se battit à Montmirail, le quartier général s'établit pour la nuit à la ferme des Greneaux ; le 12 il était à Nesle, le 13 à Château-Thierry, où l'on se battit le même jour. Le 14, bataille de Montmirail : Blücher se trouva dans une position dangereuse à Vauchamps. Le 15 nous étions à Meaux, le 16 nous arrivions à Guignes-Rabutin, où un combat s'engagea le 17 ; nous bivouaquions un peu plus tard à Nangis. Le 18, nous étions à Montereau. Le même jour, à Surville, château près de Montereau, l'Empereur pointa lui-même le canon contre l'ennemi ; la nuit se passa à Surville. Le 20, quartier général à Nogent. Partout nous avions 100,000 soldats alliés contre 40,000 Français.

Le 21 et le 22 nous marchâmes sur Troyes ; nous arrivâmes le 23 à Méry et à Troyes où nous restâmes jusqu'au 26. Le 27 nous marchions par Sézanne sur Arcis-sur-Aube. L'Empereur prit son quartier dans le château d'Esternay.

Le 6 février, l'Empereur s'était rendu de Troyes à Nogent et à Sézanne, où il trouva un détachement de cavalerie assez important revenant d'Espagne.

Les routes sur lesquelles nous marchions étaient dans un état épouvantable, d'autant plus que le sol était mou et en grande partie crayeux. Les chevaux pouvaient à peine se traîner dans cette boue, et l'infanterie laissa souvent ses chaussures en poursuivant sa marche.

Le corps du général Olsouffiew, qui s'était avancé trop près de nous, fut attaqué et anéanti par le général Girardin ; ce corps comprenait 6,000 hommes.

Le 11, l'Empereur se rendit à Montmirail et y attaqua les troupes du général Sacken, qui fut complètement battu et perdit beaucoup d'hommes et de canons. Nous fîmes un grand nombre de prisonniers. L'ennemi s'enfuit vers Château-Thierry où se trouvait le corps prussien. C'est là que deux bataillons de la vieille garde, commandés par le général Petit, tombèrent sur les Prussiens qui s'étaient formés en carrés, les enfoncèrent et les battirent : ces deux bataillons comptaient à peine huit cents hommes.

Ensuite eurent lieu les batailles de Vauchamps, de Janvilliers, de Fromentières et d'Étoges. Les alliés, battus partout et perdant beaucoup de monde, commencèrent à se replier sur le Rhin. Les 15, 17 et 18, combats de Montereau, de Nangis et de Mormant ; de tous côtés nous recevions la nouvelle de la retraite générale de l'ennemi.

Des émissaires venus de Metz, de Strasbourg et des environs, arrivèrent au quartier général et nous informèrent que les paysans allaient se lever en masse, pour attaquer l'ennemi par derrière, et qu'ils prenaient déjà des bagages, des soldats, des munitions aux troupes alliées. En un mot, on pouvait croire que la fortune allait sourire aux Français.

L'Empereur, dans tous ses plans et ses ordres, montrait ses talents de grand capitaine.

Pour faire comprendre la suite des événements, il faut que je donne quelques détails sur notre marche :

Le 27, quartier général à Herbisse, le 28 à Esternay, le 1er mars à la Ferté-sous-Jouarre, le 3 à Bézu-Saint-Germain ; le 4, Soissons se rend malgré la garnison polonaise ; le 5, quartier général à Berry-au-Bac, le 6 à Corbény ; le 7, bataille de Craonne ; le 8 et le 9, quartier général à Bray-en-Laonnais, le 11 à Soissons, marche sur Reims, où l'on se repose du 14 au 16 ; le 17 à Épernay, le 18 à la Fère-Champenoise, le 19, marche sur Arcis, le 20 à Arcis-sur-Aube : bataille le même jour ; le comte Tolstoy, Markow et Weissenberg sont faits prisonniers ; le 29, marche de Doulevant vers Troyes ; l'Empereur part de Doulevant pour Paris.

Le 31 mars et le 1er avril, l'armée arrive à

Fontainebleau, où l'Empereur est arrivé le 31. Les alliés marchent sur Paris par deux routes, l'une par Troyes, l'autre par Châlons.

L'Empereur, avec une rapidité extraordinaire, fait la navette entre ces deux routes, battant les détachements ennemis isolés faisant route vers la capitale. En même temps, les alliés proposent à l'Empereur un armistice, garantissant à la France la frontière du Rhin, mais demandant le droit d'occuper Paris. L'Empereur rejette cette dernière proposition, mais envoie cependant le comte de Caulaincourt, duc de Vicence, à Châtillon, où devait se tenir la conférence. L'Empereur ne voulut pourtant pas accepter l'armistice et continua à se battre.

Le 20 février, nous quittâmes Montereau pour nous diriger sur Bray et Nogent, puis sur Méry. Nous combattîmes en route contre les corps de Blücher et de Wittgenstein.

Le 23 février, l'Empereur arriva à Troyes, où l'attendait le prince Wenceslas Lichtenstein, avec une lettre du prince Schwarzenberg, dans laquelle on lui faisait espérer la paix.

A notre arrivée à Troyes, la garnison russe et prussienne qui s'y trouvait encore voulut nous disputer l'entrée ; on attaqua la ville et l'ennemi se retira ; le faubourg fut brûlé pendant cet engagement.

C'est là que pour la première fois nous aperçûmes les fusées « à la Congrève ».

MM. Gouaut et de Vidrange, émissaires des Bourbons, se trouvaient à Troyes où ils avaient distribué aux habitants des proclamations annonçant l'arrivée de Louis XVIII. Le premier fut fusillé; M. de Vidrange s'enfuit.

Nous restâmes à Troyes jusqu'au 29 février; de là, l'Empereur envoya le général Flahaut à Châtillon, où l'on continuait les conférences soidisant pour la paix.

Mais en même temps Blücher prenait position à Arcis-sur-Aube et menaçait la route de Paris. Nous marchâmes sur la Fère-Champenoise et Sézanne, puis allâmes de là à Esternay et la Ferté. Le 4 mars, nous arrivâmes à Fismes, sur la route de Reims.

La reddition de Soissons eut lieu le 4 mars; je veux en dire ce qui suit :

Soissons était une place forte, avec une garnison de 1,400 Polonais de la légion de la Vistule, et un détachement de cavalerie également polonaise. Ces Polonais s'étaient déjà défendus avec succès contre des troupes ennemies supérieures en nombre à celles qui les assiégeaient actuellement. Cette position de Soissons avait une grande importance pour l'Empereur, parce qu'elle couvrait la route de Paris et défendait le passage de l'Aisne ; en outre l'Empereur avait la plus grande confiance dans les Polonais. Ceux-ci avaient à peine vingt canons en position, et les fortifications de la ville étaient en bien mauvais état ; ils l'avaient pourtant défendue avec bravoure. Lorsque les corps de Bülow et de Witzingerode se réunirent, arrivèrent près de Soissons et l'attaquèrent avec 30,000 hommes, les Polonais voulurent néanmoins défendre la place, car ils savaient que l'Empereur n'était pas loin. Mais le général français Moreau, commandant de Soissons, s'effraya des menaces de l'ennemi, et lorsque celui-ci lui offrit de capituler en laissant la garnison entière libre de se retirer, il accepta ces conditions et sortit de la ville.

L'Empereur arriva bientôt après et fit traduire le général Moreau devant un conseil de guerre ; quant aux Polonais, il leur fit distribuer trente décorations pour récompenser leur bonne conduite et leur courage.

On dit que l'Empereur, quand il reçut la nouvelle de la reddition de Soissons, s'écria : « Ce nom de Moreau m'a toujours été fatal ! »

Le *Bulletin* impérial mentionna le courage des Polonais et confirma que, loin de vouloir abandonner Soissons, ils voulaient la défendre. Une brigade de cavalerie polonaise prit part aussi aux combats livrés près de Soissons ; ses régiments avaient pour chefs les colonels Kurnatowski et Siemontkowski, sous les ordres du général Sokolnicki, successeur du général Exelmans dans ce commandement. Ces régiments se battirent très vaillamment.

Le général Pac commandait aussi un régiment de cavalerie polonaise près de l'Empereur.

L'Empereur se rendit de Soissons à Berry-au-Bac, où la cavalerie de la garde fit une charge superbe et ramena beaucoup de prisonniers.

Le 6 mars, nous arrivâmes à Corbény : l'armée ennemie se trouvait à Craonne, où s'engagea le lendemain une sanglante bataille; le maréchal Victor fut blessé. On combattit toute la journée sans avantage de part et d'autre; enfin l'ennemi se retira sur Laon.

Le 9 fut encore une journée de dure bataille; on s'était battu jusqu'à la nuit, sans aucun résultat, lorsque la cavalerie ennemie tomba sur le flanc du corps du maréchal Marmont et lui prit trente canons du parc de réserve, en même temps que l'infanterie ennemie l'attaquait de front; le maréchal Marmont fut battu. L'armée alliée recommença à nous attaquer sur toute la ligne et réussit à reprendre Troyes.

L'Empereur se rendit à Reims. Près de cette ville, le régiment de chevau-légers polonais de la garde, sous le commandement du général

Krasinski, chargea vaillamment l'ennemi et lui fit beaucoup de prisonniers. Cette charge fut mentionnée dans le *Bulletin* du 15 mars, ainsi que la charge du même régiment à Berry-au-Bac.

Nous restâmes à Reims les journées des 14, 15 et 16 mars. L'Empereur y attendit le résultat de la conférence de Châtillon, mais en vain. Il voulait avoir le Rhin pour frontière de la France, l'Italie du Nord avec Venise pour le vice-roi, et une indemnité pour les rois de Naples, de Westphalie et d'Espagne, auxquels on eût donné des principautés plus petites que les États dont ils étaient les souverains. Le résultat de cette conférence fut nul, et M. le conseiller d'État Rumigny, qui était à Châtillon avec le comte de Caulaincourt, revint sans avoir obtenu quoi que ce fût.

Les mauvaises nouvelles arrivaient de toutes parts.

Le duc d'Angoulême était arrivé à Bordeaux; les Autrichiens étaient revenus à Lyon en passant par la Suisse; le vice-roi venait de subir plusieurs désastres en Italie; Murat, pour sauver sa couronne, se déclarait ouvertement contre l'Empereur. L'armée française commençait enfin à diminuer; les pertes augmentaient chaque jour, les renforts n'arrivaient plus.

Je fus envoyé dans plusieurs endroits, et je

remarquai que tandis que l'esprit des habitants, surtout des paysans, prouvait leur dévouement à l'Empereur, les maréchaux et les chefs de corps ne montraient plus leur ardeur habituelle. Je me souviens que je fus envoyé au maréchal Marmont, duc de Raguse, lui porter l'ordre d'attaquer l'ennemi qui l'avait délogé de sa position à Château-Thierry; j'avais l'ordre moi-même de ne revenir près de l'Empereur que lorsque l'ordre que je portais serait exécuté. Je restai donc auprès du maréchal une demi-journée. A l'état-major de Marmont se trouvaient deux Polonais, l'adjudant-colonel Komierowski et le capitaine Grabinski (frère du général du même nom, homme d'âge déjà mûr).

Lorsque je remis ma dépêche, je remarquai que le maréchal, après en avoir pris connaissance, la rejetait avec mépris sur la table. Il ne dit presque rien et prononça seulement avec nonchalance ces mots : « C'est bon! » Mais quand il monta à cheval et donna l'ordre de commencer l'attaque, je me joignis à son état-major. En causant avec les différents officiers, je demandai à Grabinski ce qui se passait dans le corps du maréchal : il m'avoua que celui-ci ne faisait aucun mystère de ses sentiments, disant que la fin de l'Empire approchait, que tout nouveau coup de force était inutile, qu'il fallait économiser les hommes, et que ce n'était pas la peine de faire couler plus de sang. En parlant de l'Empereur, le maréchal disait :

« Cet homme ne sera content que quand il nous aura fait tuer jusqu'au dernier. »

Grabinski ajouta aussi que le maréchal recevait presque chaque jour des lettres de Paris, et recevait aussi des inconnus, vêtus en civils. En un mot, Grabinski était convaincu que le maréchal finirait mal sa carrière.

Les généraux sous les ordres de Marmont, tels que Souham, Halier et autres, ne montraient pas un meilleur esprit.

Les paysans se montraient partout très hostiles aux alliés. Je remarquai que, presque après chaque bataille, quand l'ennemi avait disparu, les paysans français sortaient des cachettes où ils s'étaient tapis, ramassaient des fusils et des gibernes, et suivaient l'ennemi en tirant sur lui.

J'arrivai un jour dans une grande ferme. Devant la maison, je trouvai quelques hommes, vêtus de blouses bleues par-dessus leurs vêtements. Ils n'étaient pas sûrs que je fusse un officier français ou ennemi, car j'avais un manteau gris par-dessus mon uniforme.

Je leur demandai mon chemin ; ils s'approchèrent de moi, et l'un d'eux prend soudain mon cheval par la bride. Je demande ce qu'il y a.

« ... Ah ! monsieur, me répond-il, dites-nous avant tout si vous êtes Français. » Je déboutonne mon manteau, je leur montre mon uniforme, mes épaulettes et mon sabre...

« C'est bien ! dit-il. Il faut, monsieur, que vous veniez vous rafraîchir un moment, un moment seulement ; nous avons quelque chose à vous montrer, pour vous prouver que nous sommes Français... »

Je ne puis résister à leur demande, quoique je leur dise que je suis chargé de dépêches.

« Un moment, monsieur, un petit moment ! » Je suis obligé de descendre de cheval et de les suivre. Ils m'offrent du vin, puis l'un d'eux, qui semble un ancien soldat, car il porte une tresse à la hussarde et le reste des cheveux coupés courts, me conduit derrière un hangar et commence, avec une pelle, à enlever la terre qui couvre le couvercle d'un puits... Je demande ce qu'il y a. « Vous allez voir, c'est un puits. »

Lorsqu'il soulève la planche, une odeur épouvantable me suffoque, une odeur de cadavres en décomposition ! et en même temps je vois plusieurs jambes humaines qui sortent de ce trou béant !

« Ce sont des cosaques, monsieur, m'explique le paysan, plein le puits. Ils sont venus chez nous avant-hier, une vingtaine, nous les avons fait boire, et puis... » A ce dernier mot, le paysan s'arrête, passe la main sur son cou et d'un claquement de langue me fait bien comprendre qu'il a tué tous ces malheureux.

Je frissonne de tout mon corps, et cette odeur pénétrante me suffoque presque entièrement.

Le paysan, pour mieux m'expliquer ce qu'il a fait, commence à tirer un de ces cadavres par les jambes, mais je l'en empêche en l'assurant que je le crois sur parole. Il s'arrête en me disant :

« Si tous les Français agissaient ainsi, il n'en resterait pas beaucoup, de cosaques, allez! »

Les paysans français appelaient cosaques tous les ennemis, de sorte que je n'ai pas su à quelle nationalité appartenaient ces malheureux; je sais seulement que le puits en était rempli. Des incidents pareils se sont produits partout.

Des officiers prussiens m'ont raconté longtemps après que lorsqu'ils arrivaient dans leurs quartiers chez des Français, ils étaient obligés de se tenir loin des fenêtres, car on tirait sur eux par les fenêtres donnant sur les cours. Ils aimaient mieux bivouaquer dans les champs que de loger dans des maisons. Des femmes même, sous divers prétextes, attiraient chez elles des officiers ennemis, et lorsque l'un d'eux les suivait, il trouvait chez elles un homme et la mort.

Il m'arriva aussi une aventure bien heureuse pour moi, pendant une mission que m'avait donnée l'Empereur à la veille de la bataille de Laon.

C'était le 8 mars, dans la ferme de l'Ange-Gardien. L'Empereur apprit que M. Bussy de Belly, ancien élève de l'école de Brienne et condisciple de Napoléon, habitait dans les environs. L'Empereur déjeunait dans la ferme de l'Ange-Gardien, quand le prince Berthier me donna l'ordre d'aller voir le maire de Beaurieux, qui était M. Bussy, pour lui dire de se présenter immédiatement au quartier général. Le prince me donna comme escorte dix lanciers de la garde impériale.

Je partis à l'instant; mais je ne pouvais avoir aucun renseignement sur l'endroit où se trouvait la maison de M. Bussy, quand j'aperçus un paysan dans les champs; je l'envoyai chercher par un de mes lanciers et c'est lui qui nous servit de guide.

Le petit village qu'habitait M. Bussy se trouvait sur une colline assez élevée, à une lieue à peu près de l'endroit où était l'Empereur. La propriété de M. Bussy se composait d'un joli château entouré d'un grand parc enclos de murs et de quelques autres bâtiments.

En m'approchant, j'aperçus un homme qui accourait vers nous en nous faisant des signes avec son mouchoir. Ne comprenant pas ce que cela signifiait, je me portai en avant; l'homme arriva et me dit que les cosaques étaient dans la ferme, mais qu'aucun d'eux ne nous avait vus, car les uns étaient dans les caves, les autres dans les chambres du château à fouiller les armoires. Leurs chevaux étaient dans la cour.

L'homme ne put me dire combien il y en avait, se bornant à me dire qu'il y en avait « tout plein ». Je préparai aussitôt mes lanciers pour l'attaque, et, à la suite de mon guide, j'entrai dans une allée bordée d'arbres et conduisant directement à la ferme. Quand nous aperçûmes les chevaux des cosaques, nous prîmes le galop et nous nous précipitâmes dans la cour. Les lances des cosaques étaient déposées debout contre les murs, leurs chevaux attachés aux arbres et aux barrières, mais aucun cosaque n'était en vue. Nous entendions pourtant du bruit et des vociférations par la porte d'accès aux caves. Par cette porte je tirai un coup de pistolet dans la cave. A cette détonation, les cosaques qui étaient dans le château en sortirent comme des fous; mon escorte les sabra à son aise; mais ceux qui étaient dans la cave ne sortaient pas. Je n'avais pas le temps de les attendre et je fis barricader la porte. Quelques-uns de mes lanciers montèrent dans les chambres et y trouvèrent encore quelques cosaques qui se cachaient. Enfin M. Bussy se présenta à moi, vêtu de sa seule chemise de nuit et tout effrayé. Je lui transmis l'ordre de l'Empereur et lui demandai de me suivre immédiatement. Il commença par s'excuser : sa maison était pleine de cosaques, son château au pillage, il ne pouvait laisser seule sa mère vieille et malade, enfin il n'était pas habillé, et n'avait pas de voiture, etc. Je lui montrai les cosaques blessés et prisonniers, et lui dis que je lui donnerais un bon cheval, que je ferais sortir les cosaques de sa cave, et qu'il en serait débarrassé, mais qu'il lui fallait se mettre en route à l'instant. Je lui dis encore d'aller rassurer sa mère et de s'habiller; quant à moi j'allais en finir avec les cosaques.

M. Bussy rentra dans sa chambre; je m'adressai alors en russe aux cosaques de la cave et leur ordonnai de sortir. Aucun ne répondit et ne donna signe de vie. Comme ils étaient armés de pistolets comme leurs camarades que nous avions pris, je ne voulus pas exposer la vie de

mes lanciers. Je fis barricader les deux portes
de la cave, celle qui donnait sur la cour et celle
qui donnait accès dans la maison, et je recom-
mandai aux paysans de les bien garder. Ils
étaient huit ou neuf dans la cave, car le sous-
officier que nous avions fait prisonnier m'avait
avoué qu'ils étaient vingt en tout.

Les paysans se jetèrent sur les prisonniers,
pour leur faire rendre ce qu'ils avaient pu voler
dans le château, quoiqu'ils jurassent qu'ils
n'avaient rien pris. C'était vrai, car à mon coup
de pistolet, ils avaient tout jeté par terre, et je
m'en assurai moi-même : en effet, mes lanciers,
voyant les paysans fouiller dans les poches des
cosaques, s'interposèrent, firent eux-mêmes une
perquisition régulière, et ne trouvèrent rien.

Voulant que la cave fût bien gardée, j'affirmai
aux paysans que les cosaques qui y étaient
enfermés portaient sur eux beaucoup d'argent.
Enfin M. Bussy de Belly se montra, je lui donnai
un bon cheval et nous partîmes pour le quartier
général. Nous emmenâmes avec nous les chevaux des cosaques et dix prisonniers; deux, qui
avaient été grièvement blessés à la tête, restèrent à la ferme.

Mes lanciers étaient bien contents de leur
prise, car ils trouvèrent dans les sacoches et
dans le paquetage des cosaques beaucoup

d'objets de valeur, des montres, des bagues, de l'or, de l'argenterie, etc. Pour moi, je choisis un excellent cheval gris que plus tard, avant de rentrer dans ma famille, je vendis au colonel Rougeos pour cinquante napoléons d'or.

Lorsque je rentrai au quartier général, je fis mon rapport verbal au prince Berthier, qui souriait en m'écoutant, et répétait souvent : « C'est très bien ! je suis content de vous. »

L'Empereur accueillit M. Bussy avec bonté et lui serra la main cordialement. Il le nomma colonel et son aide de camp, avec des appointements annuels de 30,000 francs et une gratification de 20,000 francs. En outre il fit donner sur-le-champ à M. Bussy 500 napoléons d'or pour son équipement. Il lui recommanda aussi d'envoyer sa mère et sa femme dans une place sûre, et lui permit de rentrer chez lui.

Je me rappelle bien que M. Bussy revint au quartier général et y resta jusqu'à la fin de la campagne, à Fontainebleau. Plus tard aussi, il se trouvait auprès de l'Empereur et assista à la bataille de Waterloo. Il était âgé de quarante-cinq à cinquante ans, bel homme, distingué, comme je pus en juger par la conversation que j'eus avec lui pendant notre retour au quartier général.

J'ai oublié le nom d'un écrivain qui fit une

relation de cette campagne et mentionna l'incident dont je viens de parler. D'après cet auteur, l'Empereur fit amener chez lui le comte Bussy par un ordonnance : c'est inexact, c'est moi qui fus envoyé pour chercher M. Bussy de Belly et tout se passa exactement comme je l'ai raconté.

Je vais dire encore quelques mots sur le prince Berthier.

Il était né en 1757, il avait donc à cette époque cinquante-sept ans. C'était le plus âgé de tous les maréchaux et généraux. Il était fils d'un ingénieur du palais de Versailles, et était devenu lui-même ingénieur. Jeune homme, il travailla comme géographe dans le cabinet de Louis XVI. Berthier fut vice-connétable de l'Empire, duc de Neuchâtel, prince de Wagram, chef de l'état-major avec le titre de « major général de l'armée ». Tous les ordres aux maréchaux et aux généraux étaient expédiés sous sa signature.

Berthier écrivait au nom de l'Empereur et commençait toujours ses lettres ainsi : « L'Empereur vous ordonne, monsieur le..., etc... » C'était lui aussi qui signait les brevets provisoires, c'est-à-dire « les lettres d'avis » relatives aux décorations et à l'avancement, les passeports, les congés, et tous les papiers et documents concernant l'état-major et l'armée et venant de l'Empereur, portaient sa signature. L'Empereur signait seulement sur des brouillons les titres, décorations et grades accordés, et sur des registres où l'on inscrivait la liste d'ensemble des noms des personnes auxquelles il accordait des faveurs. Chaque brevet particulier était signé par le prince Berthier lui-même au nom de l'Empereur; il ne signait que de son prénom, Alexandre, précédé de ses titres : « Le prince vice-connétable, major général : ALEXANDRE. »

L'Empereur aimait le prince Berthier, non pas tant pour ses talents militaires et son intelligence (qualités dont il était dépourvu), que pour son exactitude parfaite dans l'exécution des ordres, pour la diligence qu'il y apportait et son amour du travail.

Berthier, prince de Wagram, était depuis 1796 chef d'état-major de Napoléon, dont il exécuta toujours les ordres avec une exactitude extraordinaire et avec la même diligence. L'Empereur disait souvent à ses aides de camp en parlant du prince :

« Je vous souhaite, messieurs, d'être seulement vingt-quatre heures comme lui! »

Et vraiment, il était étonnant de voir combien les ordres étaient clairement donnés, les heures exactement calculées; et jamais aucun retard ne se produisit.

Berthier n'avait besoin que de très peu de repos; il était toujours attelé à son travail, et bien souvent pendant la nuit. Certainement il avait un auxiliaire précieux dans son sous-chef, le général comte Monthyon, mais c'était lui qui travaillait le plus.

Le général Monthyon portait le titre de « chef d'état-major du major général ». Il descendait d'une vieille famille noble; c'était un homme de grande taille, très distingué, montrant beaucoup de tact dans ses rapports avec ses subordonnés.

Le prince, au contraire, était petit et ne possédait pas la distinction de son sous-chef. Ses traits étaient assez communs, ainsi que ses manières; il parlait avec un fort accent nasillard, avait presque toujours les mains dans ses poches, ou un doigt fourré dans le nez. Son habit et son pantalon étaient mal ajustés et lui pendaient sur le corps.

L'Empereur avait combiné le mariage du prince Berthier avec une princesse royale de Bavière, jeune personne assez jolie, dont le prince eut trois enfants. Auparavant, Berthier avait été amoureux pendant plusieurs années de la femme du marquis de Visconti, de Milan, et avait toujours refusé de se marier.

Le prince mourut très malheureusement, et,

dit-on, dans un accès de folie, le 1er juin 1815, à Bamberg.

Je raconterai plus tard de quelle manière honteuse Berthier quitta l'Empereur; mais voici ce que j'ai entendu dire de sa mort.

Lorsque le prince apprit le débarquement de l'Empereur de l'île d'Elbe, il partit de Paris pour aller chez sa femme, qui habitait à Bamberg dans le palais du roi de Bavière. Au moment de son départ, en rangeant et emballant ses papiers, il chercha aussi dans le secrétaire de sa femme, qu'il soupçonnait déjà d'infidélité. Il ne trouva rien dans les tiroirs; mais, supposant qu'il devait y avoir un tiroir secret, il envoya chercher un serrurier. Cet ouvrier trouva en effet la cachette où se trouvaient les lettres les plus compromettantes pour la princesse. Très troublé par cette découverte, il partit pour la Bavière; son humiliation et sa honte s'augmentaient par le fait du retour de l'Empereur qu'il avait abandonné. En arrivant à Bamberg, il apprit la marche triomphale de l'Empereur et sa rentrée à Paris; il tomba malade d'une fièvre cérébrale. Pendant un accès de fièvre chaude, il entendit soudain le bruit de troupes en marche avec musique en tête. Personne malheureusement ne se trouvait dans la chambre du malade; il sauta à bas de son lit, se précipita à la fenétre et se jeta dans la rue, où il se tua instantanément.

Dans les journaux on annonça seulement que le prince, en regardant par sa fenétre des troupes en marche, avait été frappé d'apoplexie.

Le général Monthyon mourut à Paris en 1849, dans une tranquillité parfaite, entouré de l'estime générale.

Maintenant, retournons à la suite de la campagne.

CHAPITRE X

Le 16 mars, nous quittâmes Reims et allâmes par Épernay et la Fère-Champenoise jusqu'à Arcis-sur-Aube.

A Épernay, je logeai chez le maire de la ville, M. Moët, le célèbre marchand de vin de Champagne. Ses caves étaient énormes et creusées dans la craie blanche à peu de distance de la Marne. On pouvait facilement y entrer avec des voitures attelées à quatre chevaux. Des milliers de bouteilles étaient rangées à terre et dans les couloirs des caves. Les Prussiens étaient déjà venus à Épernay : Blücher y était entré avec son corps d'armée. M. Moët se rendit en personne auprès de Blücher, et lui proposa de faire cadeau à l'armée des alliés de cent mille bouteilles de son vin, à la condition qu'on n'en prendrait pas de force ni par réquisition. Cette demande lui fut accordée et l'engagement tenu. Lorsque je m'étonnai de voir M. Moët faire un cadeau si considérable et consentir à un tel sacrifice, car à quatre francs seulement la bouteilles, cela faisait quatre cent mille francs, il me répondit lui-même : « J'ai préféré offrir cela et sauver le reste; mais, ajouta-t-il, ils me paieront plus tard. »

Et, à la vérité, il augmenta un peu plus tard ses prix d'un franc par bouteille; il s'était fait tant de relations à la cour des souverains et parmi les officiers des différents grades et les diplomates, qu'il regagna certainement cent fois ses pertes.

L'empereur de Russie Alexandre Ier fut en 1815 l'hôte de Mme Clicquot à Châlons; c'est de ce moment que la renommée de son vin s'est répandue partout; à la cour de Saint-Pétersbourg on ne buvait d'autre vin que celui de la « veuve Clicquot ».

Voilà comment les désastres de la guerre ruinent d'un côté et enrichissent de l'autre.

Nous arrivâmes à Arcis-sur-Aube le 19 mars, dans l'après-midi. De grandes forces ennemies se trouvaient derrière la ville, de l'autre côté de l'Aube, car l'ennemi avait quitté la ville incendiée et presque en ruine. Le pont était intact. L'armée française traversa la ville embrasée, le pont, et suivit la route tracée en remblai sur le marais pendant à peu près mille pas, pour se déployer dans les champs. Par conséquent, nous avions derrière nous une ville incendiée, une rivière, et n'avions qu'une route étroite...

C'était la même situation qu'à Dresde et à Leipzig, et peut-être encore plus mauvaise. Nous nous aperçûmes que toute l'armée des alliés se disposait à marcher contre nous. On dit que les troupes de la garde étaient réunies sur ce point, et avec elles l'empereur de Russie et le roi de Prusse.

Les troupes françaises commencèrent à déboucher et à prendre leurs positions. Je me souviens que quelques régiments du duché de Varsovie ou de la légion de la Vistule furent placés à l'aile gauche et attaquèrent les positions de l'ennemi. De ce côté une ferme et beaucoup de maisons furent bientôt en feu. L'Empereur m'y envoya porter un ordre, et j'y vis pour la première fois le lieutenant-colonel Skrzynecki, en marche à la tête de son bataillon et sous une grêle de balles ennemies, pour s'emparer du village en flammes qui était défendu, si je ne me trompe, par l'infanterie prussienne. Ce fut là aussi que je rencontrai le capitaine Braad, officier très brave et déjà connu, qui est aujourd'hui général d'infanterie dans l'armée prussienne.

La nuit tombait déjà quand je fus de retour. A ce moment même les masses de la cavalerie ennemie se jetèrent sur la nôtre, placée sur la ligne de bataille à peu près à deux mille pas de l'Empereur. Après quelques charges, les dragons de la garde impériale furent mis en déroute et, poursuivis par les cavaliers de la garde ennemie, se rejetèrent sur l'Empereur. Il y eut un grand désordre, car les dragons en fuite se jetèrent dans les rangs des chasseurs et y mirent le trouble. A cette vue, l'Empereur tira son épée et cria aux dragons en fuite :

« Comment! dragons, vous fuyez? En avant! » Le général Colbert commandait les dragons; ceux-ci reformèrent leurs rangs et recommencèrent l'attaque. Tout l'état-major de l'Empereur et celui du prince Berthier chargèrent avec eux, en les excitant aux cris de « Vive l'Empereur! » Derrière eux s'ébranlèrent, pour charger en échelons, les chasseurs, les grenadiers à cheval, les chevau-légers polonais et les gardes d'honneur, en un mot toute la cavalerie.

Mais l'ennemi, qui avait beaucoup plus de

cavalerie que nous, envoyait régiment sur régiment pour nous charger, de sorte qu'un grand désordre recommença à se produire dans nos rangs. La nuit nous avait presque enveloppés, et l'on ne pouvait plus distinguer les traits ni l'uniforme de ceux qu'on avait devant soi. Les trompettes, des deux côtés, sonnèrent la retraite : les combattants obéirent aux sonneries de leurs trompettes, les officiers crièrent leurs commandements, qu'on pouvait entendre en français, en allemand et en russe. Je me trouvai au milieu de soldats de toutes nationalités. Mais à ce moment personne ne songeait à sabrer ou à pointer, ni à tirer, chacun conservait au repos sa lance, son sabre ou son pistolet et ne songeait qu'à regarder pour retrouver les siens. C'était vraiment un étrange spectacle, éclairé par les incendies d'Arcis-sur-Aube et des villages des environs.

Si ce combat eût eu lieu pendant la journée, et si l'ennemi eût montré plus de vigueur en soutenant cette charge avec son artillerie et son infanterie, il n'y eût pas eu moyen pour nous d'échapper. Ajoutez à cela que les berges de l'Aube étaient assez raides, les deux talus de la route qui conduisait au pont et à la ville étaient élevés au-dessus des marais; en outre la ligne sur laquelle l'armée française était déployée était trop étendue. Je ne comprends pas que l'Empereur ne se soit pas aperçu de ces conditions désavantageuses pour ses troupes.

Le lendemain, lorsque nous nous trouvâmes sur les mêmes positions, nous étions convaincus que nous allions avoir une seconde bataille, d'autant plus que le reste de notre armée était arrivé pendant la nuit. Toute l'armée française se déploya de nouveau et se porta à une demi-lieue en avant ; mais, à l'exception des flanqueurs qui se trouvaient devant nous, et d'une masse d'infanterie très éloignée, nous ne trouvâmes plus l'ennemi : la plus grande partie des alliés s'était retirée pendant la nuit.

Lorsque l'Empereur fut convaincu de ce départ, il donna l'ordre de rentrer à Arcis, et nous marchâmes sur Saint-Dizier par Vitry. Nous apprîmes plus tard que la plus grande partie de la cavalerie ennemie s'était mise en route pour Châlons pendant la nuit, pour rejoindre le corps de Blücher ; car les souverains alliés avaient été informés de la trahison de Talleyrand, de Fouché et de Clarke, qui s'étaient ralliés aux Bourbons. Par suite, l'armée des alliés traversa l'Aube pendant la nuit sur le flanc de notre aile droite et, faisant un détour auprès de Vitry, poursuivit sa marche sur Châlons.

Nous nous mîmes en route pour Vitry. Cette

ville n'était pas fortifiée. De la route d'Arcis, une assez longue chaussée élevée au-dessus des marais conduisait à Vitry. Nous savions que la ville était occupée par l'ennemi; l'Empereur donna l'ordre au maréchal Ney de l'attaquer.

Lorsque notre avant-garde, composée d'un régiment de cuirassiers, se montra sur la chaussée, un boulet de canon tua le colonel du régiment.

La ville avait une garnison, mais il était facile de l'investir et de la forcer à se rendre, car elle ne pouvait contenir plus de 10,000 hommes. L'Empereur, ayant appris que le corps du général Witzingerode se trouvait à Saint-Dizier, désirait l'attaquer à l'improviste et le détruire. Le plan de l'Empereur fut toujours d'attaquer l'ennemi en détail et de l'écraser partie par partie; n'ayant que peu de troupes à sa disposition, il ne pouvait accepter une bataille rangée en rase campagne. Les meilleurs généraux de notre temps considèrent la campagne de France comme le chef-d'œuvre de Napoléon.

Sans les conspirations à Paris, les trahisons contre l'Empereur, sans la certitude qu'avaient les souverains alliés que Paris ne pouvait pas se défendre, ou bien faiblement, les alliés eussent été obligés de se retirer jusqu'au Rhin, car leurs communications étaient coupées par les différentes garnisons, unies aux populations de la Bourgogne, de la Champagne et de l'Alsace. Mais quand ces souverains furent assurés du sort de Paris, ils envoyèrent les corps de Tchernischeff et de Witzingerode pour attirer l'Empereur et son armée, et les éloigner de Paris, pendant qu'avec 100,000 hommes de troupes ils prenaient leur marche vers la capitale de la France.

Un Français digne de foi m'a assuré que pendant la marche de l'Empereur d'Arcis sur Vitry, l'empereur Alexandre et le roi de Prusse, informés de la situation de Paris et des conspirations dans le Sénat et parmi les grands dignitaires français, partirent tous deux à cheval, escortés d'un seul régiment de cavalerie russe, pour se rendre à Vitry et de là à Châlons. C'était justement au moment même où Napoléon arriva devant Vitry que les deux souverains alliés s'y trouvaient.

Si l'Empereur eût connu leur présence, il eût sûrement investi la ville, dont la faible garnison eût été obligée de se rendre, et les deux souverains fussent tombés entre les mains des Français. Voici un exemple des événements qui peuvent se produire pendant la guerre.

Aucun historien de cette campagne n'a parlé de cet incident; pourtant on en eut pleine connaissance dans notre état-major; après la bataille de Saint-Dizier les habitants de Vitry nous en donnèrent aussi l'assurance. Le général Piré et les autres commandants de cavalerie battaient le pays et capturaient à chaque instant des courriers et des officiers supérieurs ennemis. Pendant un de ces engagements, le colonel Rapatel fut tué; c'était l'ancien aide de camp du général Moreau, qui avait suivi son chef et fut tué comme lui par un boulet français.

Le 26 mars, l'Empereur fit attaquer Saint-Dizier. Les généraux Tchernischeff et Witzingerode, avec à peu près 10,000 cavaliers sans compter l'infanterie, furent mis en déroute. Ces troupes furent chargées par toute la cavalerie de la garde impériale et les superbes régiments de dragons récemment arrivés d'Espagne.

Beaucoup de prisonniers tombèrent dans nos mains, ainsi que des canons, la caisse de l'ennemi et des voitures chargées de grands tonneaux. La cavalerie française à la poursuite des Russes, qui avaient abandonné ces voitures, brisa les tonneaux : ils étaient pleins de tabac à priser. Toute la chaussée en fut couverte.

Les caisses du trésor russe furent aussi brisées et des paquets de billets de banque russes de différentes couleurs se répandirent partout sur la route. Pendant plus de mille pas, nous marchions sur le tabac et les billets de banque russes, dont les soldats français ne soupçonnaient pas la valeur.

J'essayai, mais sans y réussir, de piquer un de ces paquets avec mon sabre; mais je sais bien que ceux qui purent en ramasser les vendirent fort bien à Paris. Ceux qui étaient de couleur blanche étaient ceux qui avaient le plus de valeur.

Le tabac était tellement fort qu'il suffoqua presque ceux qui en prirent; les prisonniers qu'on fit passer par cette route en ramassèrent avec grand plaisir.

Il faut que je dise quelques mots des prisonniers. Ils étaient sous les ordres du général Dentzel; on les lui amenait tous; il les formait en détachements qu'il expédiait au loin sous escorte. Il avait avec lui le capitaine comte Kwilecki, ancien aide de camp du général Fiszer. Kwilecki appartenait aussi à l'état-major. Ce fut lui qui entra le premier à Paris, aux acclamations générales, avec un convoi de prisonniers.

Le 27 mars, nous revînmes à Vitry; le 28 à Doulevant, le 29 à Vendeuvre, en route vers Troyes, où nous arrivâmes le 30 mars. Le courrier de Paris rejoignit l'Empereur entre Dolencourt et Troyes; ce courrier apportait la triste nouvelle que l'ennemi n'était plus qu'à cinq lieues de Paris, et que les maréchaux Marmont et Mortier étaient en retraite pour défendre la capitale.

L'Empereur monta immédiatement à cheval avec une petite escorte, et en changeant de chevaux à chaque station de poste il arriva à Fontainebleau, pour aller de là à Paris. Avant de partir, il envoya le général Girardin à son frère Joseph, roi d'Espagne, qui commandait à Paris, pour lui annoncer qu'il fallait tenir encore, et qu'il allait bientôt arriver avec son armée.

Je me rappelle bien encore aujourd'hui la rencontre de ce courrier avec l'Empereur en marche. L'Empereur, descendu de cheval, commençait à lire les dépêches. Les généraux et les aides de camp l'entouraient, ainsi que le maréchal Berthier, attendant avec la plus grande attention et regardant le visage de l'Empereur, comme s'ils eussent voulu lire sur ses traits les nouvelles que le courrier lui apportait.

Mais l'Empereur ne trahissait jamais par l'expression de son visage aucune émotion, aucune crainte du danger dans aucune circonstance. Lorsqu'il était contrarié ou irrité, ses yeux foncés brillaient, son regard était pénétrant; tandis que lorsqu'il était content, son regard était doux, son sourire fascinant et aimable.

Après avoir lu les dépêches, Napoléon dit quelques mots au prince Berthier, échangea avec lui quelques paroles, remonta à cheval, et se porta en avant au galop.

Nous sûmes seulement que le courrier avait apporté de mauvaises nouvelles, mais nous étions bien loin de supposer un pareil désastre. Nos victoires sur l'ennemi nous avaient tourné la tête, et les nouvelles qui nous étaient arrivées des forteresses du Rhin nous avaient convaincus que l'ennemi allait être obligé de se retirer.

Quelques jours auparavant, un officier polonais, Zienkowicz, capitaine d'un régiment de la légion de la Vistule, était arrivé au quartier général avec des dépêches, déguisé en paysan des environs de Luxembourg ou de Metz; il apportait la nouvelle que la garde nationale et les paysans se soulevaient contre les alliés.

Mais à quoi bon tous ces efforts, quand la trahison régnait à Paris, consommée surtout par ceux que l'Empereur avait le plus comblés de faveurs?

La faiblesse de caractère du roi Joseph, l'indifférence de l'Impératrice sur le sort de Napoléon et de son fils, les conseils perfides de Talleyrand, de Fouché, de Clarke et autres, tout conspirait pour éloigner de Paris l'Impératrice et les membres de la famille impériale, pour perdre plus sûrement l'Empereur, et pour tenir la parole que les traîtres avaient donnée aux souverains alliés, de leur faciliter l'occupation de Paris. C'est toujours un grand malheur pour un pays quand sa capitale a une population si nombreuse que son influence est prédominante, lorsque quelques centaines de mille d'habitants, subissant l'influence de quelques misérables meneurs et intrigants, décident non seulement du sort de la monarchie, mais du sort de plusieurs millions de leurs concitoyens. Paris a toujours été toute la France, tant pendant la Révolution de 1789, que plus tard, en particulier au moment dont je parle. Les décisions prises à Paris ont toujours fait loi dans toute la France.

L'armée, la France entière étaient animées d'un esprit différent de celui de Paris, mais Paris décidait, ou pour mieux dire quelques traîtres décidaient, et la France subissait silencieuse et résignée leurs décisions.

Les mots terribles : « Paris pris! Paris conquis! » firent tomber les armes des mains des braves, et tout le monde, corps constitués, population, tous se soumirent.

Lorsque l'Empereur arriva auprès de Paris, tout était consommé!! Il revint à Fontaine-

bleau; le 4 avril il ordonna la publication de
son dernier bulletin, l'ordre du jour dans lequel
il annonçait à l'armée la trahison du maréchal
Marmont, qui, en se retirant avec son corps de
12,000 hommes, avait facilité à l'ennemi la
prise de la capitale.

Paris ne se défendit que quelques jours. Les
armées des alliés y firent leur entrée le 31 mars.
Les Polonais se battirent pour la défense de
Paris. L'escadron des « éclaireurs » de la garde
de nouvelle formation, le dépôt du régiment des
lanciers de la garde commandé par le général
Dautancourt, la vaillante infanterie de la légion
de la Vistule, l'artillerie polonaise qui s'était
déjà distinguée en défendant Soissons, toutes
ces troupes combattirent avec valeur pour défendre Montmartre et Paris.

Je ne raconterai pas les détails de l'histoire
de cette période, tout cela est bien connu.

Nous, c'est-à-dire l'état-major de l'Empereur,
nous arrivâmes avec la garde le 2 avril à Fontainebleau ; l'armée prit ses cantonnements aux
environs, l'état-major dans la ville même.

Pendant notre marche sur Fontainebleau, et
à quelques lieues de la ville, un incident se
produisit qui eût pu tourner mal pour nous.

On donna pour logement à quelques officiers d'état-major une ferme, où nous nous éta-

blîmes et passâmes la nuit. Le lendemain matin un de nos ordonnances se précipite dans notre logement en criant : « Messieurs, voilà les cosaques! » Nous sautons à bas de nos lits et sièges et regardons par la fenêtre : quelques cosaques traversaient la cour, se dirigeant vers l'écurie, et nous apercevons des lances de l'autre côté de la muraille qui entourait la ferme. Nos domestiques et nos ordonnances se barricadent dans l'écurie et sellent en hâte nos chevaux. Nous nous barricadons aussi dans la maison. Je prends mes pistolets : mon camarade Milberg, en même temps, engage la conversation avec les cosaques (il parlait bien le russe), en leur disant : « Que faites-vous ici? Les Français sont ici à mille pas; au premier coup de feu ils arriveront et vous serez tous pris. Fichez-nous le camp! Et tout de suite!... » A ces paroles, les cosaques se regardent avec étonnement et commencent à quitter la cour. Dès qu'ils sont sortis, nos domestiques barricadent la porte, et achèvent de seller les chevaux. Quand nous sommes tous prêts, nous ouvrons la porte, et à coups de sabre et de pistolet, nous nous jetons sur les cosaques, qui s'enfuient, mais s'arrêtent à quelques centaines de pas devant nous. Pendant ce temps nos domestiques avec nos bagages et nos chevaux de main prennent la route de

Fontainebleau ; nous les défendons en arrière-garde. Les cosaques comprirent, mais trop tard, qu'ils avaient été trompés : ils voulurent nous poursuivre, mais probablement eurent-ils peur de rencontrer les troupes qu'ils croyaient rassemblées dans la ville, et auxquelles nous pouvions donner l'alarme à chaque instant, car ils abandonnèrent la poursuite.

Voici comment, à la fin de cette campagne, mes camarades Rejtan, Suchorzewski, Fredo, Milberg, Jelski et moi échappâmes à la captivité. Je ne me souviens pas que quelque autre de nous fût là.

L'Empereur était très anxieux du sort de l'Impératrice et de son fils, qui avaient quitté Paris pour Orléans et Blois. En effet, les troupes autrichiennes du prince Schwarzenberg étaient en marche de Bar-sur-Aube sur Sens et Auxerre. Le général Alix avait défendu cette dernière ville et ne se retirait que pas à pas. L'Empereur craignait que les troupes autrichiennes ne coupassent la route à l'Impératrice, et voulut envoyer au général Alix l'ordre de se retirer vers la Loire, en couvrant les lieux sur lesquels l'Impératrice pouvait se trouver. L'Empereur ordonna donc au prince Berthier d'envoyer une dépêche au général Alix « par un officier de confiance ». Ce furent les propres termes dont il se servit.

Le prince Berthier, sortant du cabinet de l'Empereur, entra dans le salon de service, regarda les officiers de service qui étaient au complet, et m'apercevant, me donna l'ordre de le suivre dans son cabinet de travail. « Voici une mission de confiance, me dit le prince. Vous trouverez le général Alix à Auxerre ou Chablis; mais l'ennemi circule dans les environs. Il faut que vous arriviez absolument auprès du général Alix; mais ne vous faites pas prendre. »

Le prince me communiqua le contenu des dépêches, dans lesquelles étaient jointe une lettre de l'Empereur à l'Impératrice.

Je quittai Fontainebleau le 5 avril, non pas en voiture, mais sur un cheval de poste, qu'on appelle en France « un bidet ». Le postillon monté sur un autre cheval m'accompagnait en me servant de guide. Ces chevaux de poste sont petits, mais ils galopent bien, et sont si bien entraînés qu'ils ne quittent pas le galop d'une station à l'autre. On emporte sa selle, qu'on transporte d'un cheval au suivant. J'arrivai de la sorte à Sens, et me mis en route pour Joigny.

Jusqu'à Sens, je trouvai des « bidets », mais à partir de cette place, il n'y en avait plus, car l'armée autrichienne les avait réquisitionnés. A la dernière station avant Joigny, on me donna un cheval entier bien lourd et qui n'avait proba-

blement jamais porté la selle. C'était un de ces
chevaux qu'on appelle « un maillet », car on les
attelle entre les brancards d'une voiture à deux
roues. Cet étalon ne pouvait galoper, c'est à
peine s'il pouvait soutenir un trot bien dur.
Mon postillon avait un étalon semblable. Le
maître de la dernière poste m'avait recommandé
la prudence, en me disant que l'ennemi était
près de Joigny, et que ses patrouilles circulaient
partout. Il me dit aussi que Joigny avait été
jadis bien fortifiée, et qu'elle était maintenant
encore en assez bon état de défense, avec une
petite garnison française. Le postillon qui m'accompagnait reçut l'ordre de me conduire par
des sentiers qui contournaient la forêt. La nuit
était sombre, il tombait une pluie légère. Je
suivis mon compagnon pas à pas dans les sentiers et souvent à travers champs.

A une distance assez grande, on pouvait voir
des feux de bivouac des Autrichiens, dont le
quartier général était, m'avait-on dit, à Saint-
Florentin. Au moment où en quittant les sentiers
de traverse nous arrivions sur la route, près de
la forêt, l'étalon de mon postillon se met à
hennir, le mien lui répond, et à l'instant, venant
du côté de la forêt, des cavaliers enveloppés de
manteaux blancs se précipitent sur nous.

J'arrête mon cheval ; mon compagnon était à

peu près à vingt pas devant moi, et nous entendons crier « Werda? Halt!! » Comme la foudre, les cavaliers ennemis entourent le postillon, je les entends parler allemand, et le mot « courrier» échappé de la bouche de mon compagnon, arrive à mes oreilles. Je tâche de tourner mon étalon à gauche, du côté de la forêt, mais sans y réussir : il ne veut pas se séparer de son compagnon d'écurie.

Je saute à terre pour courir vers le bois : j'avais toujours mes dépêches dans la poche de mon uniforme, enveloppées d'un foulard de soie rouge pour éviter de les salir et de les déchirer.

A peine à terre, je lâche mon cheval et je trouve ma route coupée par les ennemis, car au mot de « courrier » tous se précipitent sur moi. L'un deux me prend par le col en criant : « Halt » ! J'avais déjà mes dépêches à la main et je les jette à terre, en remarquant toutefois qu'à l'endroit où je tombe aux mains des Autrichiens se trouvait une borne blanche carrée. J'avais presque failli tomber sur elle : elle marquait sans doute une limite de propriété.

Les Autrichiens me placent entre leurs chevaux. Bientôt arrivent d'autres cavaliers, commandés par un sergent, que je reconnais à son bâton accroché à un bouton : il me demande si je suis un « courrier ». Je lui réponds en français : « un officier ». Il me demande mes dépêches ; je lui réponds que je n'en ai pas... On me conduit dans un petit village, chez le maire, où l'on fait une perquisition dans mes vêtements. Je suis obligé de me déshabiller complètement, ne conservant que la culotte en peau de chamois que je portais toujours, et mon tricot pardessus ma chemise ; on me prend ma montre et mon argent ; mon uniforme, mon manteau, mon sabre, mes épaulettes et le reste sont mis sur une table, on ne me laisse pas me rhabiller. Le sergent me réclame toujours mes dépêches ; je ne lui réponds pas en allemand pour qu'il ne me prenne pas pour un Polonais ou un Allemand, et je lui explique dans un langage moitié français, moitié allemand, que je rentre de mission et que j'ai déjà remis à destination les dépêches qu'on m'avait confiées. Le sergent n'ajoute pas foi à mes explications, et dit à un soldat que lorsqu'on m'aura conduit au quartier général, il faudra bien que je dise la vérité.

Le plus important pour les cavaliers autrichiens, c'était ma montre et mon argent. J'avais quatre-vingt-dix napoléons d'or dans ma bourse : ils voulurent se les partager, mais le sergent ne voulut pas le leur permettre, car, comme officier, j'aurais eu le droit de réclamer contre eux.

Sur la demande qu'il me fait de mon grade, je réponds que je suis major du quartier général; ils me regardent en répétant : « Ja, ja, général! »... Peut-être me prenaient-ils pour un général.

Peu après, ils demandent au maire de leur donner du vin; il n'y avait là aucune femme.

Je vis les soldats cuire quelque chose dans la cheminée, ils sortaient, rentraient, on les entendait dans les chambres du premier criant après le maire, le bousculant; en un mot, ils se conduisaient comme se conduisent des soldats en pays ennemi.

On me donne du vin, et on m'invite à partager leur repas. Mais je ne puis le faire : j'étais triste et ne pensais qu'au malheur qui venait de m'arriver, à la fin d'une campagne, après tant d'incidents dont je m'étais si heureusement tiré.

Mes Autrichiens, qui étaient, comme on me l'a dit plus tard à Joigny, des dragons ou des chevau-légers de « La Tour », burent, mangèrent et se disposèrent à se reposer. Ils apportent de la paille dans la chambre, la couvrent de draps de lit, et s'étendent dessus; le sergent fait comme eux. Un seul reste assis sur une chaise, près de la cheminée, en fumant sa pipe. Les autres soldats se tiennent dans l'écurie. Ils étaient quinze ou vingt en tout, tous gens superbes et très bien vêtus. Le silence règne dans la chambre : il me semble qu'une sentinelle est placée dehors, car j'entends un bruit de pas comme si l'on se promenait.

Le maire était déjà entré et sorti ; il revient encore une fois, et voyant que les Autrichiens s'endorment, et que celui qui est près de la cheminée commence à ronfler, il s'approche de moi. C'était un homme d'âge mûr, portant une blouse bleue comme en ont habituellement les paysans français ; il s'assied près de moi, et me demande si je suis Français : je réponds que oui, que je suis officier de l'état-major de l'Empereur, et que j'allais justement à Joigny quand j'ai été pris par les Autrichiens. Le maire, qui avait pitié de moi, me dit que les Français se trouvent à Joigny, et que la garnison est une compagnie franche, c'est-à-dire composée de volontaires, avec la garde nationale. Il ajoute que je ne suis éloigné de Joigny que d'une demi-lieue, par un chemin qui se trouve tout de suite derrière le village. En se levant, il me demande si je ne veux pas fuir... Je réponds que je ne demande pas mieux, pour échapper aux Autrichiens.

Il commence à se promener dans la chambre, puis sort en fermant la porte avec bruit. Il rentre encore, et prenant un grand plat de faïence, le laisse tomber à terre : le plat se brise avec fracas. Le feu brûlait encore dans la cheminée, la pièce n'était éclairée qu'assez mal par une mauvaise chandelle. Le maire regarde dans tous les coins, et voyant qu'au bruit du plat cassé personne n'a bougé, car l'un ronfle plus fort, l'autre s'est retourné, celui de la cheminée reste immobile, le bonhomme rit si fort que je vois de près ses dents blanches. Il s'approche et me dit : « Là ! derrière ce soldat endormi, vous trouverez une porte qui donne sur le jardin, puis le sentier qui vous mènera jusqu'au fossé ; à quelques pas de là est la forêt. Allez par là, et vous arriverez à la ville. »

A ces mots, j'aurais dû reprendre mon pantalon ou mon uniforme ; mais, quand ce brave homme m'ouvrit la porte, je ne pensai qu'à la fuite. Je fais un signe de croix et en un saut me voilà dehors. En passant par-dessus un soldat endormi, j'entends la paille craquer : cet homme pouvait facilement m'arrêter par la jambe s'il se réveillait ; mais ce n'était qu'un pas dangereux, ensuite j'étais sauvé. Le courant d'air qui entre dans la chambre ne réveille personne. Et me voilà en route, je me mets à courir, ne pensant qu'aux indications de mon bon maire, et je tombe dans le fossé. L'eau me monte jusqu'aux genoux; je sors du fossé et cours vers la forêt sans même sentir la fraîcheur de ce bain. Mais quelle forêt! C'était ce qu'on appelle en français « un taillis », rien que des broussailles, très peu d'arbres. Si c'eût été une de nos forêts de sapins j'aurais pu m'y cacher; je cherche l'abri le plus sûr, en courant à gauche et à droite; enfin je trouve un trou plein de feuilles. Là je m'accroupis et j'attends... La pluie tombe toujours, il y a du brouillard. J'avais chaud en entrant dans les feuilles, je frissonne maintenant. Mouillé partout, car je n'avais que mon caleçon et mon tricot, je passe dans ce trou je ne sais combien d'heures, entendant les tambours français et les trompettes autrichiennes.

Le jour commence à poindre, j'entends quelqu'un s'approcher de mon côté : c'est un paysan, poussant devant lui un âne sur le dos duquel sont attachés deux paquets, et criant après sa bête « Gia, auo » (ce qui veut dire en français, quand on parle aux ânes, à gauche ou à droite). Je regarde devant moi, et m'aperçois que je ne me suis éloigné de la route que de quelques pas. Cette route était celle de Joigny à Villeneuve, c'est là que j'avais été fait prisonnier par les Autrichiens; si ces mêmes dragons eussent repris la même route, ils m'auraient sûrement repris une seconde fois.

J'étais tellement gelé que je pouvais à peine me mettre à genoux. J'appelle le paysan, qui, à la vue de mon costume bizarre, commence à s'effrayer, puis s'arrête en me demandant ce que je veux. Je lui explique en quelques mots mon aventure, et lui demande où est la route de Joigny. Il me regarde avec étonnement, puis me dit : « Ah! c'est toi qui t'es échappé de la maison de notre maire : les cosaques te cherchent partout, et l'ont presque tué! » Le paysan me raconte ce qui s'est passé après ma fuite, et me dit que les cosaques (dragons) sont partis pour Saint-Florentin, que Joigny est devant nous, et que c'est là qu'il va.

Je me mets en route avec le paysan, me tenant toujours du côté de la forêt : nous arrivons enfin aux champs qui s'étendent devant la ville : je distingue les vedettes et la grand'garde de l'infanterie française. Voyant qu'avec mon costume il me sera impossible de me montrer en ville, je demande au paysan de me prêter sa blouse : il accepte; je la mets. A peine ai-je changé de costume, qu'une vedette nous appelle et la grand'garde s'approche de nous. Je demande où est le commandant et quel est son nom; le sergent me regarde et sourit. A la vérité, mon costume était extraordinaire, mes bottes à la hongroise avec éperons, ma culotte de peau de chamois mouillée, ma blouse bleue, sans cravate et sans chapeau. Je lui dis que je suis officier de l'état-major de l'Empereur, que j'ai été fait prisonnier et que je me suis échappé; j'invoque le témoignage de mon compagnon; celui-ci répond qu'il ne me connaît pas, mais qu'il a entendu dire et sait qu'un courrier, tombé aux mains des Autrichiens, s'est échappé de la maison du maire.

Le sergent me fait accompagner par un fantassin pour me conduire devant le commandant. Je demande quel est ce commandant; le sergent me répond que c'est un ancien capitaine qui a servi sous la République, officier en retraite, appelé comme volontaire et nommé à cette place. Au bout d'un moment, je me trouve en présence d'un vieillard maigre, d'aspect vulgaire, la croix de la Légion d'honneur sur la poitrine, vêtu d'un frac très long, et portant des bottes courtes.

Il me demande qui je suis. Je m'explique, je raconte toute mon histoire, le but de ma mission, dont j'essaye de lui montrer l'importance; je lui demande de m'envoyer le plus tôt possible auprès du général Alix, qui doit se trouver à Auxerre ou à Chablis.

Le commandant me demande de prouver ce que je dis; je lui répète encore de quelle manière j'ai été pris, il redit toujours : « C'est bon, tout cela! Mais vos papiers? On ne peut ajouter foi à tout cela sans papiers. »

Je lui demande alors de m'expédier sous escorte au général Alix, s'il ne me croit pas, mais j'insiste pour y être expédié tout de suite... Le commandant continue à me parler de papiers, disant que nous nous trouvons en temps de guerre, que je peux être un homme suspect, et se promène dans la chambre sans cesser son antienne. Il laisse échapper quelques mots signifiant qu'il va me faire arrêter jusqu'à plus ample information.

Heureusement pour moi, un jeune lieutenant d'une vingtaine d'années entre dans la chambre. Le vieux capitaine lui raconte mon histoire et, lui faisant part de son embarras, lui dit qu'il va me mettre en état d'arrestation. Je recommence encore une fois mon récit : le jeune officier m'écoute avec attention, et me demande quels sont les officiers d'état-major que je connais. Je lui récite tous les noms comme une litanie. Ma réponse paraît faire une bonne impression sur lui, ainsi que sur le capitaine, qui, entendant des noms connus de lui, me regarde avec moins de méfiance. Le jeune officier, con-

tinuant son enquête, me demande où j'ai été
fait prisonnier. Je lui explique l'endroit, en
invoquant le témoignage du paysan, mais
celui-ci, qu'on envoie chercher, avait déjà disparu.

Le jeune officier dit alors au capitaine : « Ce
monsieur est probablement tombé aux mains
des Autrichiens à N... où étaient hier des patrouilles ennemies sur lesquelles nos avant-
postes tiraient. Nous devrions aller y faire une
reconnaissance aujourd'hui, pour faire un rapport au général : nous pourrions y aller avec ce
monsieur, puis nous verrons ».

Le capitaine y consent, et donne ses instruc-
tions au lieutenant, en lui disant quelques mots
à l'oreille... probablement de veiller sur moi...
J'avais toujours mon costume primitif; je demande qu'on me prête un manteau ou un surtout, car je frissonnais : on me donne un vieux
manteau de soldat, dont le propriétaire avait
probablement été tué, et un bonnet de police.
Une trentaine de soldats nous accompagnaient.
Lorsque nous arrivons près du bois, je dis à
l'officier que je vais retrouver la place où j'ai
passé la moitié de la nuit, et je trouve bientôt
le trou où je m'étais caché. Nous longeons la
forêt jusqu'à la campagne et nous pouvions distinguer les traces de chevaux qui indiquaient

le passage d'une troupe de cavalerie. En même temps, je distinguais les marques plus profondes laissées par les chevaux au galop. Je retrouve la place où j'avais été pris et je l'indique.

L'officier s'arrête, hésitant s'il devait aller au village qui se trouvait en contre-bas, à un quart de lieue plus loin. Pendant qu'il réfléchit, examinant le pays, je m'aperçois qu'un soldat porte à la main quelque chose de rouge, qu'il commence à développer. Je reconnais mon foulard et mes dépêches... Je cours à lui en criant : « Mes dépêches ! c'est mon foulard ! » L'officier s'approche, je lui montre l'ordre, la lettre au général Alix avec le cachet impérial. Je lui dis mon nom, mon grade de chef d'escadrons... En lisant mon ordre, il se convainc de la vérité de mes assertions.

Maintenant c'est moi qui passe au premier rang, je lui dis qu'il faut retourner immédiatement à Joigny, qu'il faut que je parte à l'instant avec mes importantes dépêches. Nous rentrons à la hâte. En route, le jeune lieutenant me raconte qu'il n'est sorti de l'école de Saint-Cyr qu'il y a quelques mois, qu'il a été envoyé à Joigny pour fortifier la ville et pour aider le vieux capitaine, bon et vieux soldat, mais ignorant et inintelligent.

Nous arrivions à Joigny : je laisse le lieute-

nant monter chez le commandant de la place
avec mes dépêches, et moi, terriblement fatigué,
je m'assois devant la maison. Quelques secondes
plus tard, le vieux capitaine arrive, le chapeau
à la main (jusqu'alors il le portait sur la tête en
me parlant), et me dit : « Ah! je vous salue,
commandant; je n'ai plus rien à dire. Excusez-
moi; voyez-vous, en temps de guerre, avec l'ennemi devant nous, etc... »

Je lui serre la main et demande qu'on me
procure tout de suite des chevaux et une voiture, et... à déjeuner.

Le déjeuner ne fut pas long. Je saute dans la
voiture et arrive à Auxerre, où je trouve le général Alix. Le général fut bien content de mon
arrivée, car il était sans ordres et n'avait reçu
de Paris et des environs que de mauvaises nouvelles et des renseignements contradictoires. Il
me donna de l'argent et des dépêches importantes sur lesquelles il me recommanda de
veiller avec soin.

Le général Monthyon m'a dit plus tard que
dans ces dépêches le général Alix informait
l'Empereur qu'un aide de camp de l'empereur
d'Autriche était tombé entre ses mains. Cet
officier était envoyé à Paris par l'empereur
François pour déclarer à l'empereur Alexandre
et au roi de Prusse qu'il ne consentirait pas à

ce qu'on détrônât sa fille et son petit-fils, qu'il protestait contre ce qui s'était passé à Paris, et qu'il ordonnait au prince Metternich et au comte Stadion de ne pas signer la déchéance de l'Impératrice, qui devait rester « régente de l'empire », ainsi que Napoléon lui-même l'avait nommée. Le général Alix avait envoyé un officier à l'Empereur avec cette dépêche pour l'informer de ces faits; mais il était trop tard, car l'acte d'abdication était déjà signé, et la trahison de Talleyrand, Fouché, Marmont et autres avait influencé les souverains alliés en faveur des Bourbons.

Je revins à Fontainebleau par la route d'Auxerre et de Montargis, et y arrivai le 10 avril. Je me rendis de suite au château. Les grenadiers de la garde qui étaient de service à la porte ne voulurent pas me laisser entrer, en voyant le costume dont j'étais affublé; ce n'est que quand je leur eus adressé la parole qu'ils me livrèrent passage. J'aperçus dans la cour deux colonels de l'état-major du prince Berthier, MM. Galbois et Stoffel. Je m'approchai d'eux en enfonçant mon bonnet de police sur mes yeux et leur tendis la main. Ils ne me reconnurent pas tout d'abord, puis, une fois reconnu, ils me saluèrent avec la plus grande cordialité, en me disant que j'étais considéré comme perdu, et que l'Empereur et le prince Berthier étaient bien inquiets de savoir si les ordres portés par moi au général Alix lui étaient parvenus, et s'il avait pu les exécuter, car l'Empereur craignait que l'Impératrice et son fils n'eussent été pris par les alliés.

Les mêmes camarades m'annoncèrent l'abdication de l'Empereur, nouvelle qui fit une profonde impression sur moi et me causa un violent chagrin. Je me rendis au salon de service et remis mes dépêches au prince Berthier, déjà informé de mon retour par le colonel Stoffel. Le prince fut très heureux de me voir rentré, mais bien étonné en m'apercevant. Il lut les lettres du général Alix, dans lesquelles ce général lui parlait de moi et se rendit auprès de l'Empereur. Il revint bientôt dans le salon de service et, en me saluant, dit aux officiers d'état-major qui s'y trouvaient réunis : « Messieurs, voilà encore un Polonais qui nous sert le dernier! »

Le général comte Monthyon se trouvait aussi présent et me félicita de l'heureux dénouement de ma mission, il n'avait pas cru me revoir, et tout le monde me croyait prisonnier. Il me parla aussi avec beaucoup de douleur de l'abdication de l'Empereur, car il l'avait servi avec beaucoup de dévouement, dévouement qu'il a prouvé jusqu'à la fin. Le même jour, j'eus un autre entretien avec le général Monthyon qui m'avait envoyé chercher. Il me dit qu'à ce moment, après l'abdication, l'Empereur ni le prince Berthier ne pouvaient plus rien faire pour moi. Je lui répondis que je ne pensais pas à rien demander, seulement que je priais le prince de me donner une attestation de ma bonne conduite pendant mon service. Le prince y consentit volontiers, et M. Saint-Denise, son secrétaire, écrivit le certificat suivant :

« Nous, vice-connétable, major général, certifions que M. Joseph Grabowski, lieutenant-colonel, officier polonais employé à l'état-major général de l'armée française, y a servi avec zèle, distinction, bravoure, fidélité et intégrité, et nous nous faisons un plaisir de rendre hommage aux sentiments d'honneur et de loyauté qu'il a montrés en toutes occasions.

« Fait au palais de Fontainebleau, le 11 avril 1814.

« *L. S.*   *Signé :* ALEXANDRE. »

Impossible d'établir mieux et avec des termes plus courts un certificat pour un officier. Le prince me fit remettre 400 francs pour mon équipement.

Si l'Empereur n'eût pas abdiqué, j'aurais sûrement obtenu un avancement ou un rang plus élevé dans la Légion d'honneur. Mais j'étais déjà content des récompenses que j'avais déjà reçues, étant encore si jeune.

CHAPITRE XI

Je ne quittai pas de la journée les salons du
château de Fontainebleau. A chaque instant il
arrivait quelque chose de nouveau, et chaque
fois quelque chose de plus triste. Les défections
des officiers de l'entourage de l'Empereur pro-
duisaient sur moi une impression de colère et
de douleur.

Je cherchais l'occasion de voir encore une
fois l'Empereur, et dans ce but je revins le lendemain au salon de service. Pendant que j'attendais des ordres, je vis Constant, premier
valet de chambre de l'Empereur, que je connais-

sais bien, sortir de la chambre de son maître, portant à la main des ciseaux et une poignée de cheveux. Je lui demandai si c'étaient des cheveux de l'Empereur. Sur sa réponse affirmative : « Donnez-les-moi, lui dis-je. — Tenez, répondit-il. » Je les pris.

Ces cheveux sont toujours en ma possession : j'en ai fait encadrer avec une miniature de l'Empereur, dont mon ami H. S. m'a fait cadeau, et qui est l'œuvre du célèbre peintre Isabey.

J'avais autrefois une plus grande quantité de ces cheveux ; mais quand mes camarades apprirent que j'en possédais, ils m'en demandèrent et je ne pus leur en refuser ; je fus obligé d'en faire le partage, et il me resta bien peu de cette relique.

Les camarades français et des amis voulurent également en avoir un peu, mais à ceux-là je donnai sans scrupule des cheveux faux. Peut être aujourd'hui ces cheveux sont-ils encadrés avec respect dans des cadres d'or : ils venaient d'une belle jeune fille de Fontainebleau qui venait souvent me voir dans mon appartement.

Le général Kossakowski, comme je l'ai dit plus haut, faisait aussi partie de l'entourage de l'Empereur : il n'avait pas de commandement, mais se tenait toujours au quartier général.

C'était un homme très estimé, assez âgé, possesseur d'une belle fortune. Toute sa vie il s'occupa de collectionner des antiquités et des reliques de personnages connus. Il était à Paris pendant la Révolution, et y achetait des souvenirs des rois de France et d'hommes célèbres : autographes, meubles, tabatières, portraits, etc. A cause de son intime amitié avec le comte de Turenne, chambellan de l'Empereur, il put se procurer un uniforme complet, avec épée et chapeau, porté par l'Empereur lui-même. Il avait aussi en sa possession le verre dans lequel l'Empereur but pour la dernière fois avant son départ pour l'île d'Elbe. Comme souvenir, il fit graver quelques mots sur ce verre.

Je donnai aussi au général Kossakowski une mèche des cheveux de l'Empereur.

Kossakowski a laissé à Wilna un vrai musée de tous ces objets curieux ; après sa mort, je ne sais ce qu'ils sont devenus.

Pendant notre séjour à Fontainebleau, il nous arriva une aventure qui nous fit grand plaisir, à nous Polonais. Il n'y avait pas assez de ressources dans les magasins de Fontainebleau pour approvisionner toute l'armée qui y était réunie. Il y avait assez pour les hommes, mais on manquait de fourrage pour les chevaux, d'autant plus qu'on se trouvait justement en

avril, c'est-à-dire bien avant la récolte. En conséquence, on allait chercher du fourrage aux
environs. Un jour, nos domestiques furent envoyés avec les chevau-légers polonais de la
garde, chercher du foin et de l'avoine à Berville, auprès de Fontainebleau. Ils en trouvèrent
dans un hangar, qu'ils se mirent à botteler pour
l'emporter sur leurs chevaux. Pendant qu'ils
travaillaient, un vieillard s'approcha d'eux : il
était assez petit, avait les cheveux très blancs,
et portait un habit à la hongroise de couleur
grise. Ce vieillard était conduit par deux enfants
qui le tiraient presque et l'amenèrent à l'endroit où nos hommes travaillaient. Lorsqu'il les
entendit parler entre eux en polonais, il s'adressa
à eux en polonais également pour leur demander
de ne pas prendre le foin qui était tout le bien
de pauvres gens; il ajouta que les cosaques qui
étaient déjà passés par là avaient eu pitié d'eux
et leur avaient laissé leur foin, et qu'il espérait
que ses compatriotes agiraient de même, sans
quoi il en serait très chagriné.

Nos cavaliers s'arrêtèrent à ces mots, et l'un
d'eux demanda au vieillard :

« — Qui êtes-vous, monsieur?

— Je suis le général Kosciuszko », répondit-il.

En entendant ce nom, tous nos soldats ôtèrent

leurs czaspkas, et mon domestique, qui avait assez d'aplomb, dit au général :

« Notre estimé général, nos chevaux n'ont rien à manger, nous ne pouvons rentrer sans foin.

— Vous en trouverez autre part, mes enfants; mais, je vous en prie, ne le prenez pas dans ce village où l'on m'a offert un abri et où je demeure, reprit le général Kosciuszko.

— Peut-être notre estimé général pourrait-il nous indiquer où nous pourrions trouver du fourrage?

— Ah! je ne le puis; vraiment, je ne sais pas... »

Les cavaliers polonais se regardèrent, hésitant sur ce qu'ils devaient faire, puis jetèrent à terre le foin qui était déjà sur leurs selles, et partirent sans rien.

Le général Kosciuszko les invita à entrer chez lui et leur offrit du vin.

Nos hommes rentrèrent à Fontainebleau et nous racontèrent leur rencontre avec Kosciuszko. A ce récit, le général Krasinski réunit les officiers polonais, et nous proposa d'aller rendre visite au général Kosciuszko, qui habitait un village si rapproché de nous.

Nous acceptâmes avec plaisir, et un cortège assez nombreux d'officiers polonais, avec un escadron de chevau-légers polonais de la garde, se rendit à Berville.

Le général Krasinski fit à Kosciuszko un discours assez bien tourné, et nous présenta tous individuellement à notre ancien chef. Lorsque celui-ci entendait un de nos noms qui lui était connu, il le disait, rappelant qu'il connaissait le père ou le grand-père de l'officier qui lui était présenté.

Le colonel Madalinski, d'un des régiments de lanciers du duché de Varsovie, était avec nous. Lorsque Kosciuszko entendit son nom, les larmes lui sortirent des yeux... Il lui adressa ces paroles : « Ah! j'ai bien connu ton père, c'était un excellent Polonais et un soldat irréprochable. »

Le colonel Madalinski montra à Kosciuszko une bague qu'il avait lui-même donnée à son père pendant l'insurrection de 1794. Kosciuszko était content d'avoir retrouvé Madalinski et de nous avoir vus tous. Lorsque nous vîmes l'émotion et les larmes de notre ancien grand chef, nous ne pûmes nous empêcher de pleurer aussi. On pouvait voir facilement que le vieillard était déjà en état d'enfance, car il ne pouvait que pleurer, sans presque pouvoir prononcer un mot. Cela n'avait rien d'étonnant, après avoir eu devant les yeux les malheurs de notre patrie et les désastres qu'elle avait subis... Après avoir pris congé de notre chef vénéré, nous rentrâmes à Fontainebleau, emportant dans nos cœurs un souvenir inoubliable de cette visite.

Cette rencontre avec Kosciuszko donna au baron Moltitz l'idée de composer une opérette allemande : *Der alte Feldherr*, qui fut très souvent jouée dans les théâtres allemands et fut même, si je ne me trompe, traduite en français.

L'acte d'abdication de l'Empereur, qui fut rédigé les 11 et 12 avril, comprenait vingt et un articles ; le dix-neuvième de ces articles, concernant l'armée polonaise, était ainsi conçu :

« ART. XIX. Les troupes polonaises de toutes armes qui sont au service de France, auront la liberté de retourner chez elles, en conservant armes et bagages, comme un témoignage de leurs services honorables. Les officiers, sous-officiers et soldats conserveront les décorations qui leur ont été accordées et les pensions affectées à ces décorations.

« *Signé* : Caulaincourt, duc de Vicence ; les maréchaux duc de Trévise, Macdonald ; le maréchal duc d'Elchingen Ney ; le prince de Metternich ; le comte Stadion ; le comte de Razumowski ; le comte de Nesselrode ; Castlereagh ; le baron Hardenberg.

« Ratifié à Fontainebleau le 12 avril 1814.

« NAPOLÉON ; le duc DE BASSANO. »

Parmi les généraux polonais, un seul était présent à Fontainebleau : le général Krasinski, chef des chevau-légers lanciers polonais de la garde et en même temps chambellan de l'Empereur. Les autres généraux, comme Dombrowski, Sokolnicki et autres, étaient à ce moment au Mans. Lorsque l'Empereur voulut accorder un témoignage d'estime à l'armée polonaise qui ne l'avait pas abandonné jusqu'au dernier moment, il fit venir le général Krasinski et lui demanda ce qu'il désirait qu'il fît pour les troupes polonaises.

Le général lui répondit que l'armée polonaise priait l'Empereur de vouloir bien lui accorder son congé, et de lui donner un témoignage officiel de sa satisfaction.

L'Empereur ordonna de préparer un décret pour satisfaire cette demande et nomma le général Krasinski chef de l'armée polonaise, en l'autorisant à accepter les démissions au nom de l'Empereur. Il lui adressa la lettre ci-dessous :

« Monsieur le général comte Krasinski,

« Vous recevrez un décret par lequel je réunis sous votre commandement tous vos compatriotes qui se trouvent dans l'armée; je désire que vous témoigniez de ma part à ces braves Polonais, la satisfaction que j'ai de leurs bons et fidèles services. Sur ce, je prie Dieu qu'il vous ait en sa sainte garde.

« Fontainebleau, le 4 avril 1814.
« *Signé :* NAPOLÉON. »

Copie du décret de S. M. Napoléon, Empereur des Français, Roi d'Italie, etc. :

« Nous avons décrété et décrétons ce qui suit : ART. Ier. Le général de division Krasinski prendra le commandement de tous les Polonais qui servent dans nos armées. — ART. II. Le major général est chargé de l'exécution du présent décret.

« *Signé :* NAPOLÉON. »

« Pour exécution : Le vice-connétable, Major général.

« *Signé :* ALEXANDRE. »

Le général Krasinski remit à chacun de nous copie de ces décrets, en nous donnant un congé conçu en ces termes :

« Vincent Corvin, comte d'Empire Krasinski, général en chef de tous les Polonais servant comme troupes ou alliés dans les armées françaises, certifions que le sieur Grabowski (Joseph), chef d'escadrons, a eu son congé accordé par Sa Majesté l'Empereur et Roi.

« Fontainebleau, le 6 avril 1814.
« *Signé* : Comte KRASINSKI. »

L'empereur Alexandre avait depuis longtemps de la sympathie pour les Polonais, et nourrissait sur eux des projets dont il s'était ouvert, avant la campagne de 1812, au prince Adam Czartoryski et à plusieurs seigneurs de la Lithuanie ; il jugea le moment opportun pour montrer ses sentiments au grand jour. Il fit part de ses idées au général Krasinski. Le général en chef de l'armée polonaise, après avoir reçu de Napoléon la liberté de tout engagement pour tous les Polonais, résolut d'utiliser la bienveillance de l'empereur Alexandre. Cette résolution était d'accord avec les sentiments de l'armée polonaise, qui donna mission au général Krasinski de faire les premières démarches. Celui-ci écrivit, de Fontainebleau, à l'empereur de Russie une lettre très digne, et en reçut une réponse très flatteuse qu'il communiqua aussitôt aux officiers.

L'adresse, signée par tous les officiers de l'armée polonaise, était ainsi conçue :

« Sire, la démarche que nous faisons en nous adressant directement à Votre Majesté Impériale n'est dictée ni par la fierté ni par la bassesse. Libres de nos engagements, nous venons unanimement déposer aux pieds de Votre Majesté Impériale nos armes, que la force n'a pu nous arracher. Si nous fûmes coupables, l'honneur sera notre protecteur et votre grand cœur nous excusera. Polonais, nous avons servi l'homme le plus étonnant du siècle, et nous ne l'avons quitté que quand il nous a quittés luimême. Sire, décidez de notre sort, et agréez l'hommage de cette fidélité que nous avons conservée dans les circonstances les plus critiques et jusqu'au dernier moment à un prince malheureux. »

(*Suivent les signatures.*)

En même temps nous avons expédié au prince Czartoryski la lettre suivante :

« Prince, vous savez parfaitement bien quel but principal nous conduisit à servir l'empereur Napoléon. Fidèles jusqu'au dernier moment, nous avons partagé son sort. Aujourd'hui qu'après avoir signé son abdication il nous a dégagé de tous les devoirs auxquels l'honneur nous enchaînait, nous, Polonais, nous adressons à vous, ne vous demandant que de nous permettre de retourner dans notre patrie, et de nous éviter les discussions auxquelles ne peuvent se livrer ceux qui sacrifièrent tout pour le bonheur de leur pays. Les débris du corps polonais vous imposent le devoir, Prince, de rendre à leur patrie vos compatriotes. »

Fontainebleau, le 14 avril 1814.

(Ici nos signatures.)

Nous quittâmes Fontainebleau le 14 avril 1814 et une marche rapide nous amena à Saint-Denis près de Paris ; l'état-major de l'armée polonaise devait y loger, les troupes elles-mêmes se logeant aux environs.

Mais il faut que je revienne à Fontainebleau, pour raconter encore quelques détails de cette triste période.

Le grand et beau château de Fontainebleau était le théâtre de l'agonie du pouvoir impérial. L'armée, c'est-à-dire la garde, toujours fidèle et martiale dans sa tenue, mais assombrie par le malheur de son chef qu'elle adorait, faisait son service comme aux époques les plus brillantes de l'Empire. Dans la cour, dans les salons, dans la ville même on voyait beaucoup d'officiers de différents grades. Les maréchaux Ney, Macdonald, Augereau, Lefebvre, le comte de Caulaincourt, le prince de Bassano (Maret), Bertrand, le colonel Bussy, le général Belliard, Monthyon, Gourgaud, le comte de Turenne, le baron Mesgrigny, Laplace, Cambronne, Drouot, les officiers d'état-major, les officiers d'ordonnance, tous circulaient en silence, échangeant à peine quelques mots entre eux. Mais chaque jour on remarquait des absences; on partait sans permission et l'on ne revenait pas, ou l'on demandait un passeport et l'on ne se représentait plus. Au nombre de ces déserteurs, on remarquait surtout les officiers qui appartenaient aux familles aristocratiques de France, comme les jeunes gens qui faisaient auprès de l'Empereur et du prince Berthier le service d'officiers d'ordonnance. Les parents et les familles de ces jeunes gens appartenaient à la coterie du faubourg Saint-Germain ; cette clique avait rempli les salons et les antichambres de l'Empereur et avait fait toutes les bassesses pour obtenir des places de chambellan, d'écuyer ou de page, tout en restant très hostile à l'Empereur.

Napoléon avait toujours eu beaucoup de faiblesse pour ces familles, et aimait à se voir entouré de noms aristocratiques. Il avait raison en agissant ainsi; il voulait réunir les célébrités d'autrefois aux renommées actuelles, réunir la gloire ancienne à la gloire nouvelle. Il voulait unir par des mariages les grandes familles françaises avec celles des maréchaux et des généraux. Il mettait sur le même pied les représentânts de noms anciens et les porteurs de noms nouveaux, mais déjà célèbres par leur bravoure et leurs mérites. Mais les anciennes familles rattachaient toujours leurs principes et leur honneur à la « légitimité ».

La famille des Bourbons avait régné depuis des siècles, le pouvoir se transmettant sans interruption de père en fils au petit-fils. Il en était de même dans les familles aristocratiques : le titre et la fortune se transmettaient du père au fils ou au petit-fils. La « légitimité » existait pour ces familles comme pour la famille royale, et l'histoire, la gloire et la fortune des familles nobles étaient liées étroitement à l'histoire et à la gloire des rois de France. La Révolution avait brisé et détruit tout cela.

Une monarchie, et aussi bien une république, ne peuvent se passer d'aristocratie. Les noms des hommes célèbres d'un pays auront toujours le plus grand prestige pour leurs successeurs et leurs descendants.

Napoléon avait créé une noblesse nouvelle, mais il ne voulait pas déprécier l'ancienne.

La noblesse nouvelle tirait sa gloire d'elle-même, l'ancienne héritait de la gloire de ses aïeux. Par conséquent, aussi bien que les Bourbons étaient rois « légitimes » pour cette dernière, autant Napoléon était souverain « légitime » pour sa noblesse.

Voilà pourquoi les descendants des anciennes familles considéraient le retour de leurs rois comme l'aurore du retour à l'ancien état de choses et à leurs privilèges d'autrefois. Ils servaient l'Empereur, mais c'était pour servir leur patrie ; ils combattaient pour la gloire de la France ; mais leurs esprits espéraient toujours le retour de l'ancien régime, qu'ils considéraient comme le seul légitime, la « légitimité » étant la base de tous leurs principes. Il n'est donc pas étonnant qu'ils se soient ralliés aux Bourbons et qu'ils aient été heureux de leur retour, mais il est surprenant qu'ils n'aient pas montré plus de dignité.

Lorsque l'Empereur eut signé son abdication, ils étaient libres et pouvaient suivre leurs sentiments. Ils avaient bien fait de demander à servir leur patrie sous le sceptre impérial, mais ils auraient dû la servir dans l'armée et non dans les antichambres. L'Empereur disait souvent en parlant d'eux :

« J'offre à ces messsieurs des places dans l'armée, mais ils préfèrent mes antichambres. »

Et plus tard, ce furent les mêmes qui, après avoir abandonné le quartier général de l'Empereur, répandirent sur lui les calomnies les plus odieuses, ne l'appelant que : « le tyran, le Corse, monsieur Buonaparte, etc... »

C'était bien de l'ingratitude et de la perversité. Ils avaient accepté de l'Empereur des décorations, de l'argent, des faveurs imméritées, les mendiant avec la plus grande platitude; maintenant que leur maître était tombé, ils le calomniaient et le salissaient impudemment. S'ils avaient tant intrigué pour avoir des places et des faveurs près de l'Empereur, son service ne leur avait donc pas été si odieux !

Ils auraient dû laisser ce rôle aux Français ingrats que l'Empereur, pour de faibles mérites, avait quelquefois élevés très haut, et qui l'abandonnèrent, ou aux traîtres comme Talleyrand, Fouché, Clarke, Pradt, qui servirent tous les gouvernements depuis 1789 à 1814, le trahirent, violèrent leurs serments, pour aller servir un nouveau maître.

Cette conduite ignominieuse pouvait convenir à ces gens-là, mais non à la noblesse française, fière de sa fidélité, soucieuse de son honneur, prononçant à chaque instant les mots : « Noblesse oblige. » Son attitude fut bien loin d'être digne.

L'entourage de l'Empereur diminuait chaque jour. Il ne restait à Fontainebleau que bien peu d'officiers de la maison : exceptons-en le duc de Bassano, le comte de Caulaincourt, le comte Bertrand, Gourgaud, Anatole Montesquiou, Bussy, le comte de Turenne, le général Fouler, le baron Mesgrigny, le baron Fain, le baron (docteur) Yvan, les officiers d'ordonnance Athalin et Laplace, le général Monthyon, le baron Lelorgne d'Ideville, le général Kossakowski, le colonel Wasowicz (le général Flahaut était en mission, mais il revint), et quelques colonels et officiers d'état-major.

Et le général Berthier! lui aussi! l'ami et l'ancien compagnon de l'Empereur, cet homme qui n'avait jamais quitté son maître depuis 1796, depuis dix-huit ans, qui avait été comblé par lui de tant de faveurs!... Le 12 avril 1814, il dit à l'Empereur qu'il était obligé de s'absenter quelques jours, d'aller à Paris voir sa femme et régler ses affaires. L'Empereur y consentit, en lui adressant les mots suivants :

« Berthier, souvenez-vous qu'aujourd'hui plus que jamais, j'ai besoin d'avoir auprès de moi un ami; partez, mais revenez demain. »

Mais lorsque Berthier partit en silence et un peu confus, l'Empereur dit au duc de Bassano :

« Lui aussi!! il ne reviendra pas! »

Et l'Empereur eut raison... Berthier resta à Paris et se hâta d'offrir ses services au roi Louis XVIII, qui lui confia plus tard le commandement de ses « gardes du corps. » Lorsque Louis XVIII fit son entrée à Paris, le 18 avril, Berthier l'accompagnait, à cheval à côté du carrosse royal. J'entendis parfaitement la foule lui crier : « Berthier, à l'île d'Elbe! A l'île d'Elbe, Berthier! » Lorsque l'Empereur revint de l'île d'Elbe, il dit : « Je voudrais bien voir Berthier; je lui donnerais pour seule punition de se présenter devant moi en uniforme de garde du corps... »

L'Empereur eut besoin à Fontainebleau de divers objets à faire venir de Paris. Son fidèle mameluk Roustan, qu'il avait amené d'Égypte et qui couchait toujours dans l'antichambre de l'Empereur, ou en campagne sous sa tente, lui demanda d'aller faire ses commissions à Paris, et en même temps d'aller voir sa femme (on sait que Napoléon avait richement doté Roustan lors de son mariage). Et le fidèle mameluk partit, et ne revint pas; il garda d'ailleurs l'argent que l'Empereur lui avait remis pour acheter ce dont il avait besoin.

L'Empereur fut peiné de l'ingratitude de Roustan, mais son chagrin fut bien plus vif quand il se vit lâchement abandonné par des gens qu'il avait comblés de faveurs et en qui il avait toute confiance.

D'après le traité conclu le 12 avril avec les

alliés, six cents grenadiers de la garde et cent vingt chevau-légers polonais devaient accompagner l'Empereur à l'île d'Elbe. Tous ces soldats étaient des volontaires, et il ne fut pas difficile de les trouver; toute la garde aurait voulu suivre son chef qu'elle adorait.

Du régiment des chevau-légers polonais, comme je l'ai dit, cent vingt hommes suivirent Napoléon.

Voici les noms de ces braves :

Major commandant, Jerzmanowski; capitaine Balinski; lieutenants en premier de 1re classe Fintowski et Koch; lieutenants en premier de 2e classe Skowrouski et Piotrowski;

Maréchaux des logis : Rafaczinski Jean (maréchal des logis chef), Pietrowski Alexandre, Trzebiatowski Louis, Bielicki Martin, Mierujewski François, Faszczewski Jean, Borowski Stanislas, Poleski Joseph (fourrier);

Brigadiers : Aniolkowski Jean, Bocianowski Jean, Barskowski Joseph, Czarnecki Jean, Glaszinski Paul, Lewandowski Michel, Sanikowski Cyprian, Slominski Simon;

Trompettes : Durclete Plaute, Ramones Auguste;

Chevau-légers, etc... (1).

(1) Les noms des chevau-légers sont tous cités dans une note du manuscrit.

Le commandant était le chef d'escadrons Paul Jerzmanowski, un vieux et excellent officier. Les autres officiers étaient presque tous d'anciens sous-officiers qui avaient gagné leurs grades pendant les campagnes de 1813 et 1814.

L'Empereur quitta Fontainebleau le 20 avril 1814 pour se rendre à l'île d'Elbe. L'histoire de ses adieux et de son voyage est bien connue.

Nota bene. — J'avais droit, pour ma pension de la Légion d'honneur, à 240 francs par an. Cette pension était garantie par l'article 19 du traité de Fontainebleau (12 et 14 avril 1814). Mais quand Niegolewski, moi et les autres camarades, envoyâmes en 1816 une pétition au gouvernement français pour réclamer l'argent que nous devions recevoir, on nous répondit que Napoléon, par son débarquement en France et sa fuite de l'île d'Elbe, avait rompu ce traité, qui n'avait plus aucune valeur.

Sur cette réponse, Niegolewski écrivit au roi Louis XVIII que ce n'était pas lui Niegolewski qui avait conseillé ce voyage à Napoléon et qu'il n'en était donc pas responsable.

L'argument de Niegolewski était plein de raison, mais on n'en tint aucun compte.

Le gouvernement prussien se substitua à la France pour la liquidation de nos droits et reçut à cet effet de la France une assez grosse somme (1). En 1827, on nomma une commission dont faisaient partie le prince Sulkowski, le général Roder et d'autres, pour régler les droits aux pensions des officiers polonais. Je fis la preuve des miens au moyen de documents que me fournit le ministère de la guerre à Varsovie. Une pension, datant du 1ᵉʳ janvier 1815, m'était due, ainsi qu'aux autres officiers polonais qui avaient eu leur congé ; elle devait être réglée par la Prusse, qui possédait le grand-duché de Posen. On m'accorda 400 thalers de pension viagère, mais comme j'étais directeur du département de l'agriculture du duché de Posen, aux appointements de 600 thalers, on ne commença à me payer ma pension militaire qu'en 1845, lorsque je n'appartins plus à la direction de l'agriculture. J'ai donc perdu le montant de la pension pendant dix-huit ans, de 1827 à 1845, c'est-à-dire 7,200 thalers. Comme en réalité c'était depuis 1815 que cette pension m'était due, c'est-à-dire depuis trente ans, j'ai été frustré de 12,000 thalers. En outre j'aurais dû toucher 240 francs par an pour la croix ; pour plus de quarante ans, cela me fait encore 10,000 francs de pertes.

(1) Par le traité de Vienne le duché de Posen revenait à la Prusse : Joseph Grabowski étant de Posen devenait sujet prussien. (Note du traducteur.)

CHAPITRE XII

Nous nous reposâmes à Saint-Denis des fatigues de la guerre.

J'avais assisté et pris part à vingt-trois combats et à neuf grandes batailles.

Le général Krasinski et son état-major avaient leurs quartiers à Saint-Denis même; l'armée prit ses cantonnements aux environs de la ville.

Le grand-duc Constantin y arriva en même temps pour inspecter les troupes : l'empereur Alexandre n'avait pas encore désigné son frère comme notre chef, mais nous savions déjà qu'il allait habiter Varsovie. Nos troupes avaient grand'peur de lui.

Le visage du grand-duc n'était pas sympathique; sa voix était désagréable; ses regards perçants, son aspect sauvage, en un mot toute son attitude fit sur nous une impression désagréable. Sa démarche et sa tenue étaient belles; il cherchait à être agréable autant que possible, mais on voyait que ce n'était pas naturel.

L'empereur Alexandre était au contraire très agréable, alliant à sa belle stature beaucoup de dignité et un air imposant. On reconnaissait en lui, à première vue, un maître et un souverain.

On paya à Saint-Denis au corps polonais tout l'arriéré de solde et trois mois d'avance, ainsi que les sommes dues pour pertes de chevaux, pour les croix, pour l'équipement, etc.

Je partageais mon logement avec mon camarade et ami Niegolewski. Quoiqu'il fût d'un tempérament fougueux et d'un caractère souvent désagréable, il avait un excellent cœur et était accessible aux bons conseils. Nous étions toujours d'accord et restâmes excellents amis jusqu'à sa mort. Niegolewski avait une passion pour les aventures.

Nous partîmes tous deux ensemble de Paris en Allemagne en voiture, au commencement par la poste, puis, en Allemagne, en louant des voitures d'une ville à l'autre. Niegolewski avait avec lui une vieille guitare à moitié cassée. Chaque fois que nous traversions une ville, il entonnait des chansons espagnoles, françaises ou polonaises, en s'accompagnant sur son vieil instrument. Avec sa voix qui n'avait rien d'extraordinaire et sa guitare cassée, on peut s'imaginer que sa musique n'était pas bien agréable.

Les habitants nous regardaient avec curiosité et ne savaient ce qu'ils devaient penser de nous; on nous prenait pour des comédiens ou pour des fous. Je le priais souvent de se taire; il n'en faisait que crier davantage.

Un jour, pendant notre voyage, nous nous arrêtâmes à une auberge aux environs de Fulda, et nous vîmes des cosaques s'approcher et marcher devant nous. Mon Niegolewski sort de sa poche sa croix de la Légion d'honneur et l'attache sur sa poitrine avec un ruban rouge d'au moins quatre pouces de large (nous étions habillés en civils). Les cosaques nous regardent et parlent entre eux. Niegolewski commence à les apostropher, leur crie qu'ils ne sont pas des soldats, mais des poltrons et des voleurs, qu'il leur a été très facile de poursuivre des Français gelés et tombant de froid; mais que s'ils essayaient de se battre contre des Français en bonne santé, on verrait qui serait battu, etc., etc.

Je lui dis de se taire, mais il recommence de plus belle : en même temps les cosaques continuent leur marche sans rien dire, peut-être ne comprenaient-ils pas mon camarade. Un d'eux seulement montre à Niegolewski sa « nagaïka » qu'il tenait à la main, moitié menaçant, moitié souriant. Voilà alors mon Niegolewski furieux ; il commence à le traiter de « dourak » (imbécile). . Heureusement que les cosaques s'en allèrent ou ne voulurent pas s'arrêter, autrement je ne sais ce qui nous serait arrivé.

Pendant un de nos arrêts en Allemagne, Niegolewski eut une aventure avec un aubergiste. Il est vrai que cet homme nous volait trop et nous demandait deux fois plus qu'il n'était dû. Niegolewski refuse de payer et se dispute avec lui. Mais l'aubergiste garde son calme et son sang-froid, en répondant toujours : « Mon cher monsieur, si vous ne payez pas, je ne vous laisserai pas sortir. » Et il fit fermer la porte. Niegolewski lui adressa les épithètes les moins flatteuses, comme voleur, filou, voyou, etc. L'aubergiste ne répond rien ; il met son bonnet sur sa tête et s'assied près de la table ; en même temps sa femme et sa fille vont chercher le bourgmestre et les gendarmes. Je conseille à Niegolewski de céder et je veux payer, mais il refuse et m'en empêche. Enfin, voyant qu'il ne peut venir à bout de cet Allemand, il paie en l'apostrophant : « Souviens-toi de moi, misérable voleur, je reviendrai plus tard avec mes lanciers et te ferai pendre au premier arbre. » Une fois payé, l'Allemand nous laissa partir sans dire un mot.

Pendant notre séjour à Saint-Denis, nous n'avions rien à faire, notre service à l'état-major ayant cessé, et comme nous avions assez d'argent, nous nous rendions presque chaque jour à Paris, nous y passions la journée et ne rentrions à Saint-Denis qu'à la nuit.

C'est ainsi que j'assistai à l'entrée du roi Louis XVIII à Paris. Je ne vis jamais rien de plus comique que cette entrée.

Bien que la proclamation du roi à son peuple fût écrite avec une certaine dignité, les Français étaient indignés et blessés dans leur amour-propre en lisant que cette proclamation était datée de la *dix-huitième* année du règne de Louis XVIII. Les années si glorieuses, si triomphales du Consulat et de l'Empire ne comptaient donc pour rien, n'avaient donc pas existé ! C'était donc une période d'interrègne, un temps de désordre et d'anarchie ! Cette époque si glorieuse devait donc être oubliée ! Le roi et toute sa famille, en parlant de l'Empereur, l'appelaient « le général Buonaparte » !!

Voyons donc le visage et l'aspect de Louis XVIII : une tête énorme, chauve, en perruque blanche et poudrée comme en 1790 ; un ventre gros et pendant, sur lequel l'uniforme de la garde nationale de Paris flottait comme une loque ; des jambes courtes, gonflées et infirmes, couvertes de guêtres noires. Ne pouvant presque pas marcher, le roi se traînait soutenu par deux hommes vigoureux qui le portaient presque. Voilà le portrait de l'homme qui devait régner sur les Français après l'empereur Napoléon !

Toute la famille royale était une vraie collection de caricatures, semblables à leur chef. En premier lieu, la duchesse d'Angoulême, personne sainte et estimée de tous, n'était qu'une femme fort laide, au visage grand, rouge et couvert de boutons, avec le nez énorme des Bourbons ; elle avait l'aspect désagréable et une voix d'homme. Le duc d'Angoulême n'avait rien de royal dans son apparence ; pour dire la vérité, il donnait l'impression d'un imbécile ; il était à moitié endormi, ne pouvait prononcer une phrase, ni répondre ; il n'avait aucune des qualités qui plaisent tant aux Français ; en un mot, comme on dit en France, c'était « un homme nul ». On disait de lui qu'il n'avait que des goûts féminins, tandis que sa femme avait des goûts masculins.

« M. le comte d'Artois », frère du roi, qui devint plus tard Charles X, se présentait mieux, car s'il ne méritait aucun éloge, à côté de son frère on ne pouvait rien lui reprocher.

Le duc de Berry était la perle de la famille royale. Les royalistes le comparaient à François Ier, à Henri IV et à Louis XIV. C'était un bel homme, malgré son type bourbonien ; il était gai quoique souvent vulgaire. C'était le seul de tous qui montât bien à cheval, et pût se montrer devant l'armée, quoiqu'il ne connût rien du service militaire et ignorât complètement les règlements et la science militaires.

L'entrée du roi s'effectua dans l'ordre suivant : un détachement de la garde à cheval russe marchait en tête du cortège, comme pour bien montrer aux Français que ce n'était pas eux qui recevaient leur roi, mais qu'il leur était imposé par les alliés. Derrière ce détachement russe, venait un bataillon de grenadiers de la garde impériale, composé des gens les moins hostiles au nouveau régime, et sous le commandement du général Friant. La plaque des bonnets à poil, aux armes de l'empire, avait été enlevée, et laissait voir à sa place un espace rembourré avec du coton. Au lieu des plaques, les grenadiers portaient des cocardes blanches qui ne couvraient pas complètement la place des plaques : l'aspect était affreux. Les grenadiers marchaient tristement, la tête basse, les yeux à terre.

Derrière ce bataillon suivaient une douzaine de voitures à six chevaux; c'étaient encore les voitures impériales, couleur vert bronze; les harnais portaient encore les armes de l'Empereur. Ces armes étaient peintes également sur les portières des voitures, sur lesquelles on les avait masquées par les lis des Bourbons imprimés sur du papier et collés sur les anciennes armes. Les gamins parisiens, qui se pressaient contre les voitures, arrachèrent ces papiers aux armes royales, de sorte qu'on voyait la famille royale parader dans les voitures de l'Empereur.

Ensuite venait un carrosse dans lequel se trouvaient le roi, à sa droite la duchesse d'Angoulême et devant lui son frère le duc d'Artois.

Ce carrosse, tout doré et orné des armes royales, était un cadeau du prince régent d'Angleterre George, ainsi que les harnais des huit chevaux. Deux laquais à la livrée des Bourbons étaient debout derrière ce carrosse. A la suite venaient encore une douzaine des voitures impériales, vertes comme les premières, derrière chacune desquelles se tenaient deux laquais à la livrée impériale.

Aux portières du carrosse royal marchaient à cheval, si je ne me trompe, un préfet et quelques fonctionnaires. Enfin le cortège se terminait par un détachement de la garde nationale parisienne.

C'était aussi la garde nationale parisienne qui formait la haie de la porte Saint-Denis à Notre-Dame, et de là aux Tuileries. Il y avait dans les rues beaucoup de monde, mais on sentait la tristesse de tous. La police excitait la foule à crier : « Vive le Roi ! » Je remarquai que ceux qui poussaient ces cris suivaient les voitures en acclamant le roi. Aux fenêtres on **voyait** des drapeaux blancs et des femmes vêt**ues** de blanc, avec de grands bouquets de lis **blancs,** des cocardes blanches, criant et agitant des mouchoirs blancs.

Le Roi saluait de la main, et souvent ôtait son chapeau à deux cornes placé en bataille sur sa tête poudrée.

La musique militaire, composée de musiciens russes, prussiens et autrichiens, et les tambours faisaient beaucoup plus de bruit que les acclamations.

Je suivis le cortège et pus tout examiner en détail.

Le général Friant, la cocarde blanche au chapeau, cherchait à animer ses grenadiers, en leur criant : « Allons, mes amis, il faut crier : Vive le Roi! » Mais ceux-ci gardèrent le silence. Au même moment passait au galop un major de la garde nationale, du nom de Desnager, riche marchand de vin du faubourg de la Courtille, chez lequel les grenadiers allaient souvent boire. Quelqu'un cria : « Vive Desnager! » et tout le bataillon se mit à crier à plusieurs reprises : « Vive Desnager! »

Le gros marchand de vin, enchanté d'être reconnu des grenadiers, s'arrêta et les remercia :

« Merci, messieurs, infiniment obligé. »

Tout le monde se mit à rire.

Le général Friant, voyant bien qu'il ne pourrait faire crier : « Vive le Roi! » à ses hommes, les fit tourner à droite et rentrer à leur caserne.

Le roi arriva devant la cathédrale de Notre-Dame, descendit, c'est-à-dire fut descendu de son carrosse, entra dans l'église pour y faire sa prière, et le cortège reprit dans le même ordre qu'auparavant le chemin des Tuileries.

L'armée polonaise resta encore en France jusqu'aux premiers jours du mois de juin, puis reprit la route de sa patrie. Elle revenait avec ses armes, canons, munitions, bagages et ses drapeaux, en bon ordre et avec les honneurs militaires. Les soldats polonais faisaient leurs étapes de retour, non comme des prisonniers, mais comme des hommes libres, estimés de tous pour leur fidélité et leur bravoure. Telle avait été la volonté de l'empereur Alexandre, malgré l'opposition des alliés.

Plusieurs de nos sous-officiers et de nos soldats profitèrent de leur séjour auprès de Paris pour se marier avec des Françaises, surtout ceux qui appartenaient au régiment de chevau-légers de la garde impériale ; beaucoup d'entre eux trouvèrent de bons partis et épousèrent des filles de riches commerçants. Il y avait en France à cette époque une telle pénurie de jeunes gens, et tellement de jeunes filles, qu'il était facile de faire un bon mariage.

La traversée de l'Allemagne fut bien désagréable pour nos troupes. La population allemande était étonnée de les voir marcher fièrement et en armes. Il y eut force aventures et querelles, surtout quand nos troupes rencontraient des soldats prussiens.

Un détachement de la landwehr prussienne attaqua à Kottbus le logement du général Krasinski, cherchant à lui faire un mauvais parti. Le général sortit de sa chambre et adressa quelques mots bien mesurés aux Prussiens, lorsque l'un d'eux lui donna un coup de sabre sur la tête et lui fit une blessure sérieuse. Il n'y avait près du général qu'une douzaine de soldats polonais; ils l'entourèrent et le défendirent avec leurs baïonnettes; enfin, un officier prussien arriva et réussit à renvoyer les soldats... En quelques minutes la nouvelle de cette odieuse agression se répandit chez les Polonais. Officiers et soldats accoururent de toutes parts, et auraient sûrement massacré ces Prussiens, si le général Krasinski n'eût envoyé chercher leur commandant, en lui enjoignant de quitter la ville sur-le-champ, ajoutant qu'il ne répondrait pas des conséquences de son refus, et qu'il ne pourrait pas longtemps empêcher ses Polonais de se livrer à des représailles bien légitimes.

Les Prussiens étaient déjà hors de la ville (ils étaient à peu près deux cents hommes), quand nos chasseurs à cheval et nos lanciers, qui arrivaient, apprirent la nouvelle de leur départ. Ils voulaient absolument se mettre à leur poursuite; mais le général Krasinski se montra à eux avec sa tête bandée, les pria de ne pas chercher à le venger et de rentrer dans leurs quartiers. Après bien des efforts de la part du général, les officiers obéirent, mais demandèrent la permission de suivre les Prussiens, pour bien leur montrer que c'était seulement la modération et la générosité du général Krasinski qui leur sauvaient la vie.

Les Prussiens marchaient bien vite, mais

notre cavalerie fut bientôt sur leurs talons, et les officiers polonais leur firent des reproches bien mérités.

Le général Krasinski envoya à Berlin un de ses officiers, porteur d'une lettre au roi de Prusse, pour se plaindre de l'acte abominable du détachement prussien. Le roi de Prusse répondit sur-le-champ, en remerciant le général en chef des Polonais de sa modération, et lui promettant de punir les soldats coupables et le chef du détachement; en effet, ce bataillon fut licencié et ses officiers punis.

L'armée polonaise passa la frontière du grand-duché de Varsovie aux environs de Wschowa. C'est là qu'elle fut saluée par le clergé, la noblesse et les paysans polonais. Jusqu'à Posen, la marche de l'armée fut, on peut bien le dire, une vraie marche triomphale.

Les troupes polonaises entrèrent à Posen le 25 août 1814, acclamées et saluées par les habitants comme des héros.

Le général Krasinski fut comblé d'éloges. A la vérité sa position était des plus brillantes; avoir eu l'honneur de ramener dans leur patrie ceux qui restaient de la brave armée polonaise, des hommes qui par leur conduite, leur fidélité et leur bravoure avaient forcé l'estime même de leurs ennemis, c'était pour lui une situation exceptionnelle. Ce fut le moment le plus glorieux de sa vie.

Le général Dombrowski était déjà depuis le 4 juin à Varsovie, où il s'occupait de réunir les soldats polonais qui rentraient de captivité pour les rappeler de nouveau sous les armes.

Après quelques jours de repos à Posen, l'armée prit la route de Varsovie, où, comme à Posen, elle fit une entrée triomphale. Ensuite, elle fut licenciée pour quelque temps et les soldats renvoyés dans leurs foyers, en attendant les décisions du congrès de Vienne, qui devait décider en dernier ressort sur l'existence du duché de Varsovie.

Quand on eut réglé la destinée de ce duché, les officiers et soldats que leur naissance rattachait à la partie de la Pologne qui devait appartenir à la Prusse, reçurent leur congé du grand-duc Constantin. Ils reçurent l'ordre de rentrer dans le grand-duché de Posen, qui fut réorganisé par un décret du roi de Prusse, en date du 15 mai 1815. Les autres officiers et soldats qui appartenaient au royaume de Pologne (créé de nouveau par le congrès de Vienne) furent réorganisés par le grand-duc Constantin.

Le 11 décembre 1814, le grand-duc Constantin adressa un discours à l'armée polonaise, comme son chef et son organisateur, et commença à y introduire des réformes.

Le 28 mai, le roi de Saxe avait renoncé à son titre de duc de Varsovie, et délié tous ses sujets de leur serment.

Le 30 avril 1815, l'empereur Alexandre écrivit au woïvode Ostrowski, en lui annonçant que le royaume de Pologne était reconstitué, et que lui, Alexandre, prenait le titre de roi de Pologne.

Le 12 mai, l'empereur Alexandre fit adresser de Vienne un décret au peuple polonais; ce décret fut publié le 20 mai à Varsovie; la Constitution pour le royaume de Pologne fut publiée le 1er décembre 1815.

Niegolewski et moi, nous étions restés à Paris quelque temps; ce ne fut qu'à Posen que nous rejoignîmes notre corps.

Je dois mentionner aussi que le général Sokolnicki, avant le départ de Paris de l'armée polonaise, prit avec un détachement de Polonais la route de Nancy, pour s'arrêter dans cette ville et y rendre les honneurs au tombeau du roi Leszczinski; il rejoignit ensuite le corps polonais en Allemagne.

En terminant mes souvenirs sur les incidents de cette campagne, je dirai quelques mots sur mes camarades de l'état-major, dont le souvenir me sera toujours des plus agréables. Aujourd'hui, à l'heure où j'écris ces Mémoires, il ne survit qu'un bien petit nombre d'entre eux; l'année dernière est mort mon camarade et ami Niegolewski. Peut-être était-il un peu trop vif dans sa jeunesse, mais il était plein de cœur, bon camarade et bon ami. Jusqu'à sa mort, nous restâmes les meilleurs amis du monde. J'ai parlé plus haut de ses aventures.

Mon autre camarade Rejtan est mort depuis longtemps en Lithuanie. C'était un officier sérieux, peut-être un peu froid, mais plein de cœur et d'honneur.

Alexandre Fredro vit encore. Je l'ai vu il n'y a pas encore longtemps à Paris. Il a vieilli, mais il reste toujours le même, plein d'esprit, toujours prêt à réciter ses plus amusantes histoires et ses poésies. C'était lui qui nous remontait au milieu de toutes nos misères et des aventures agréables ou désagréables. Sa bonne humeur ne l'abandonnait jamais; on oubliait avec lui qu'on avait froid ou qu'on était presque gelé, pendant la campagne de France si pénible et si glaciale. Ce n'était pas nos froids de Pologne, mais la pluie continuelle, la boue et les vents qui rendaient nos bivouacs si pénibles. Combien de fois notre Fredro nous a-t-il improvisé des vers, qui devaient nous tenir lieu de déjeuner et de dîner! Nous oubliions nos misères présentes en parlant de la patrie et de nos familles. Nous étions alors presque tous jeunes : j'avais vingt-trois ans et les autres à peine quelques années de plus.

Mühlberg était aussi un camarade précieux. C'était un homme de beaucoup de valeur, surtout comme chef d'état-major, ainsi qu'il en donna la preuve plus tard. Il était bien connu et estimé de tous. Je ne sais s'il vit encore, car il y a bien longtemps que je ne l'ai vu. Il se distingua comme aide de camp du général Chlopicki en Espagne.

Jelski n'est pas resté longtemps avec nous. Il était d'une santé délicate, et ne montrait pas alors comme militaire les talents dont il a fait preuve plus tard comme président d'une grande banque.

Roman Soltyk, fait prisonnier pendant la bataille de Leipzig, ainsi que je l'ai dit plus haut, était un bel homme, un peu fanfaron, et fit toujours une bonne impression sur les Français en parlant leur langue avec toutes ses finesses. Il était très instruit, connaissait parfaitement la littérature française : il était surtout remarquable par sa connaissance théorique et pratique de l'artillerie.

Il y avait à Saint-Denis une maison d'éducation pour les filles, orphelines ou non, des membres de la Légion d'honneur : elle était sous la direction de Mme Dubouzay. Une autre maison semblable était dirigée par Mme Campan.

L'empereur Alexandre vint visiter la maison de Mme Dubouzay; je me glissai dans la suite impériale et pus visiter en détail cette institution. Toutes les jeunes filles étaient uniformément vêtues de robes bleues; les classes se distinguaient par des rubans blancs, rouges, verts et jaunes portés autour de la taille.

Les bâtiments étaient entourés d'un grand jardin, clos de murs, et servant aux jeux et à la promenade des jeunes filles, qui étaient au nombre de plusieurs centaines. Chaque membre de la Légion d'honneur pouvait envoyer sa fille à cette maison d'éducation. Le nombre de places étant restreint, les jeunes filles devaient être inscrites dès leur enfance, en attendant leur tour d'admission. Les fils des légionnaires avaient des maisons d'éducation semblables à Saint-Denis et à Saint-Germain. L'éducation complète des enfants des légionnaires était gratuite. Le jour de sa fête, le 15 août, l'Empereur dotait en les mariant plusieurs de ces jeunes filles. Les filles d'officiers qui avaient quelque fortune étaient mariées à des officiers de grade élevé.

C'était là que les généraux et les colonels venaient choisir leurs femmes.

Le mauvais côté de cette institution, c'était que toutes les jeunes filles étaient élevées exactement de la même manière. Lorsqu'elles rentraient chez leurs parents (car on ne les gardait que jusqu'à dix-huit ans), si ceux-ci étaient pauvres, elles ne savaient rien faire et ne pouvaient en rien leur venir en aide ; en outre, elles ne pouvaient se faire à leurs habitudes et à leur table, car elles étaient devenues ce qu'on appelle en français des « demoiselles ». Elles étaient donc un fardeau pour leurs parents, et si elles ne trouvaient pas à se marier, elles étaient obligées d'entrer en service quelque part. Mais il était difficile de trouver une place convenable pour une « demoiselle », élevée comme elles l'étaient. Il arrivait que, pendant leurs années d'éducation, des jeunes filles pauvres avaient des amies plus riches, qui les prenaient souvent avec elles à leur sortie.

Pour les garçons, c'était différent, car leur avancement dépendait de leur mérite, et leur travail dans les écoles les faisait nommer sous-officiers et sous-lieutenants.

Louis XVIII supprima la maison d'éducation de Saint-Denis et en rendit les bâtiments au chapitre de la cathédrale qui contient les tombes royales. La cathédrale de Saint-Denis était superbe, mais les tombeaux étaient vides, car pendant la Révolution, les terroristes enlevèrent les cercueils et détruisirent tout. L'empereur Napoléon avait fait restaurer les tombeaux et l'église, et y avait indiqué une place pour lui-même.

Pendant que nous séjournions à Saint-Denis, l'impératrice Joséphine, première femme de l'Empereur, mourut à la Malmaison. Je l'ai vue une fois; c'était une assez belle personne, mais on remarquait la tristesse de son visage. L'empereur Alexandre et le roi de Prusse avaient beaucoup d'estime pour elle.

L'empereur Alexandre vint lui faire une visite. L'impératrice Joséphine fut enterrée avec tous les honneurs dus à une impératrice à l'église de Saint-Leu.

La Malmaison était un petit château avec des toits très élevés et de grandes cheminées, et ne donnait pas l'idée d'une résidence impériale. C'est là qu'on retrouve les plus précieux souvenirs de Napoléon, ceux de ses glorieux débuts, ceux aussi de sa fin malheureuse, car c'est là qu'après la bataille de Waterloo Napoléon se retira, c'est là que se termina son règne sur la France, là où il avait si brillamment commencé.

CHAPITRE XIII

Voyant de près l'Empereur, ayant vécu au milieu de son état-major pendant treize mois, remplis d'admiration pour ses actions, sa gloire et sa grandeur, nous tous Polonais étions ses plus fervents adorateurs, et en conséquence son malheur fit sur nous la plus profonde impression.

Notre jeunesse si portée à l'enthousiasme, la conviction que nous avions qu'il voulait reconstituer le royaume de Pologne, nous poussaient à l'adorer presque comme un dieu. Nous regardions les Français comme un peuple qui sympathisait avec nous et partageait notre dévouement à l'Empereur, nous fraternisions avec eux et les considérions comme des frères.

Mais quand nous vîmes qu'à l'exception de quelques douzaines de personnes dévouées et fidèles à l'Empereur jusqu'à la fin, la plus grande partie d'entre eux pactisait avec ses ennemis et se jetait aux pieds des Bourbons pour attirer leur attention et se faire pardonner leurs services antérieurs à la cause impériale, quand nous vîmes les ingrats que l'Empereur avait comblés de bienfaits se transformer en un clin d'œil et le calomnier, s'excusant en disant qu'ils avaient été obligés de se soumettre par force à ses volontés, pendant qu'au fond ils étaient partisans des Bourbons... quand nous vîmes toutes ces lâchetés, nous commençâmes à mépriser nos anciens camarades et à les éviter.

Il y avait aussi des Polonais animés des mêmes sentiments d'ingratitude, mais leur nombre était très restreint. Ils expliquaient leur conduite indigne en assurant que Napoléon n'avait jamais voulu reconstituer le royaume de Pologne, qu'il ne nous regardait que comme des instruments propres à exécuter ses plans et atteindre son but, entretenant l'espérance dans nos cœurs, tout en prodiguant le sang des valeureux Polonais.

Aujourd'hui, trente-six ans après la mort de Napoléon, les haines et les rancunes personnelles sont endormies, l'histoire ouvre ses pages pour dévoiler la vérité; nous pouvons donc raisonner avec équité et nous rendre compte si l'empereur Napoléon avait sincèrement l'intention de reconstituer le royaume de Pologne.

Pour moi, j'en suis convaincu, et j'appuie ma conviction sur les documents suivants.

(L'auteur de ces Mémoires expose des citations de différents écrivains français tels que Thiers, Las Cases, Marco de Saint-Hilaire, Fain, Rapp, etc. Les phrases et les articles que l'auteur considère comme les preuves des excellentes intentions de Napoléon envers les Polonais ne sont pas en général reproduits assez exactement, ni assez explicatifs dans son texte. Nous ne reproduirons ici que les explications de l'auteur lui-même et les citations les moins connues.)

Les meilleures preuves des intentions de Napoléon pour régler le sort de la Pologne sont les mots et les expressions de Napoléon lui-même, rapportés dans les mémoires écrits par Las Cases à Sainte-Hélène, mais dictés et corrigés par l'Empereur.

J'ai déjà mentionné qu'au moment du traité de Tilsitt, l'empereur Alexandre avait déjà formé des plans pour la reconstitution du royaume de Pologne sous son autorité; il s'opposa donc à ce qu'il fût question de la reconstitution de ce royaume dans ledit traité. L'empereur Napoléon sortait vainqueur d'une campagne célèbre, mais avait subi des pertes énormes depuis Iéna jusqu'au Niémen, ses troupes avaient beaucoup souffert à Eylau et à Pultusk. L'Empereur désirait la paix, il était convaincu qu'il n'aurait pas si facilement raison de l'armée russe que de l'armée prussienne ; en outre, le territoire russe n'était pas touché, les frontières du Niémen étaient intactes ; par suite, si la paix échouait, toutes les forces du grand pays russe se dressaient devant lui, pendant que les forces de l'Autriche étaient prêtes à se tourner contre lui. Aussi fit-il la paix à Tilsitt, et c'était sage de sa part. Il était content d'autre part de créer le grand-duché de Varsovie : il disait au maréchal Malachowski : « J'ai joué au vingt et un, j'avais vingt, et je m'y suis tenu. » Mais il créa l'armée polonaise, nos armes ornaient nos drapeaux, elles brillaient sur nos monuments publics, elles étaient gravées sur nos sceaux. Il nous donna aussi un prince (1) qui nous rappelait nos rois, et dont la fille (l'infante) avait été désignée comme future reine dans la constitution de 1791.

En 1809, à la paix de Schœnbrunn, Napoléon réunit au grand-duché de Varsovie la partie de la Gallicie qu'avait conquise le prince Poniatowski. Ce n'était pas que le corps russe dût

(1) Le roi de Saxe Frédéric-Auguste.

agir contre l'Autriche ; mais, en attendant la
défaite de l'armée française, ce corps fit tout
son possible pour retarder la marche des troupes
polonaises en Gallicie, sans quoi l'autre partie
de cette province eût été réunie au grand-duché
de Varsovie. Ceux qui assistèrent à cette campagne se souviennent bien que notre cavalerie
lutta de vitesse avec la cavalerie russe pour
entrer à Cracovie la première. Les Russes voulaient occuper Cracovie avant les Polonais ; il y
eut une rencontre entre les avant-gardes des
deux troupes. Si les Polonais n'avaient pas
occupé Cracovie, elle n'aurait pas fait retour
au grand-duché de Varsovie, mais à l'Autriche,
car d'après le traité, seules devaient appartenir
au duché de Varsovie les parties de la Gallicie
autrichienne qui avaient été conquises et occupées par notre armée.

Arrivés maintenant à 1812. C'est avec le consentement de Napoléon qu'eut lieu la convocation de la diète constitutionnelle du duché de
Varsovie, présidée par le prince Adam Czartoryski, ex-général des terres de Podolie. Non
seulement le but de cette convocation était
connu de l'Empereur, mais son ambassadeur à
Varsovie, l'abbé Pradt, assista aux réunions de
la diète et aux débats à la suite desquels le
royaume de Pologne fut proclamé. La députa-

tion des Polonais, présidée par Wybicki, apporta à l'Empereur à Wilna les vœux de la diète. L'Empereur dit aux Polonais qu'il était prêt à donner son approbation à la proclamation du royaume de Pologne, et qu'en outre, il consentait à réunir à la Pologne les provinces non encore conquises, à l'exception de la Gallicie, qu'il avait promise à l'empereur d'Autriche. Le traité secret concernant cette promesse a été divulgué.

Par conséquent, Napoléon en signant ce traité avait en vue le rétablissement du royaume de Pologne.

Les écrivains hostiles lui reprochent de n'avoir pas proclamé officiellement à Wilna la reconstitution du royaume, et de n'en avoir pas nommé le roi.

Je me souviens bien, pour l'avoir vu moi-même, du désappointement et du mécontentement de beaucoup d'habitants de la Lithuanie et d'autres provinces de l'ancienne Pologne, parce que cette proclamation n'avait pas été faite à Wilna. Mais il faut considérer la position où se trouvait Napoléon à ce moment.

L'armée russe était en retraite vers l'intérieur de son pays, en bon ordre ; jusqu'à Smolensk il n'y avait pas eu de bataille rangée, et celle de Smolensk n'avait pas été décisive.

L'Empereur n'avait pas l'habitude de proclamer ses volontés sur la destinée d'un pays qu'il n'avait pas encore conquis : c'est ainsi qu'il avait agi avant les batailles de Marengo, d'Austerlitz, de Friedland, de Wagram ; avant d'avoir signé la paix, il n'avait jamais nommé les rois ni organisé les royaumes; il tenait secrètement dans ses mains les destinées des peuples, et ce n'est qu'après la conquête seulement qu'il affirmait ses volontés. S'il eût en 1812 rétabli le royaume de Pologne et nommé un roi à Wilna, il n'aurait pu le nommer qu'*in partibus infidelium*, car le royaume était encore à conquérir. En cas d'échec, quelle confusion pour lui-même et quelle déception pour le roi nommé !

Napoléon connaissait les pensées et les projets de l'empereur Alexandre, qui les lui avait communiqués à Tilsitt et à Erfurth : il savait qu'ils avaient tous deux les mêmes visées. Il considérait donc comme imprudent de proclamer à ce moment le rétablissement du royaume de Pologne, dans la crainte que cet acte ne fût un grand obstacle à la conclusion de la paix.

En outre, Napoléon n'avait jamais pensé que dans le cas où l'issue de la guerre lui serait favorable, il pût se rendre assez maître de la

Russie pour l'écarter des affaires de l'Europe et anéantir sa puissance comme il l'avait fait pour l'Autriche et la Prusse. Il sentait déjà à Wilna, d'après le plan conçu par les Russes, que la campagne serait longue.

Enfin il ne faut pas oublier que Napoléon était empereur des Français, et que les intérêts de son pays passaient à ses yeux avant ceux du nôtre : ce n'est pas étonnant.

Il a donc bien eu raison de donner simplement à notre députation son consentement au rétablissement du royaume de Pologne, sans vouloir le proclamer et nommer un roi.

Pendant la campagne de 1812, le prince Alexandre Sapieha se trouvait à l'état-major de l'Empereur avec le titre de chambellan; Napoléon l'avait en estime. C'était lui qui fournissait des renseignements sur les habitudes et les coutumes de notre pays, et donnait des conseils sur les intérêts de la Lithuanie.

Le prince n'était plus jeune, il était fort instruit et était très dévoué à sa patrie. Il fit remarquer à Napoléon les signes précurseurs d'un hiver prématuré et très rude. Tous les Lithuaniens faisaient la même prédiction.

Ces avertissements ne furent pas sans influence sur les décisions de l'Empereur, car il annonça, dans le *Bulletin de Vitebsk*, qu'il prendrait ses quartiers d'hiver sur la Dwina. La mort subite du prince Sapieha priva l'Empereur des conseils si utiles d'un homme qui connaissait admirablement son pays.

Avant de prendre ses quartiers d'hiver, Napoléon décida d'inspecter son armée. La revue eut lieu près de Vitebsk. Lorsqu'il vit ses cent mille hommes en si belle tenue, il oublia les avertissements du prince Sapieha sur l'approche d'un hiver rigoureux, et quoiqu'il n'eût gagné aucune bataille décisive sur les Russes et n'eût pas signé la paix dans leur capitale, il s'écria : « Avec une armée comme la mienne, on peut marcher jusqu'au bout du monde... » Il ordonna de marcher en avant.

Le lendemain de la bataille de Wachau, le 17 octobre 1813, quand l'Empereur envoya au prince Poniatowski son bâton de maréchal, il dit au prince Berthier :

« Ah ! Poniatowski ! voilà celui auquel je destinais le trône de Pologne ! » (Marco de Saint-Hilaire).

Pour terminer ces arguments, je dois rappeler ce que dit M. Thiers dans ses tomes XV et XVI en parlant des efforts de l'Autriche pour amener Napoléon à faire la paix. Il paraît que jusqu'aux derniers jours, c'est-à-dire jusqu'aux batailles de Berlin et de Leipzig, l'Empereur ne voulut point abandonner à ses destinées le duché de Varsovie. Cet abandon était la condition principale de l'Autriche. Le prince Metternich appelait cette obstination de Napoléon : « La chimère polonaise de l'Empereur ».

TABLE DES MATIÈRES

CHAPITRE PREMIER

CHAPITRE II

CHAPITRE III

CHAPITRE IV

CHAPITRE V

CHAPITRE VI

CHAPITRE VII

CHAPITRE VIII

CHAPITRE XII

CHAPITRE XIII

PARIS. — TYP. PLON-NOURRIT ET Cie, 8, RUE GARANCIÈRE. — 8723.